正向领导

打造高绩效团队的底层逻辑

［美］金·卡梅隆 著
Kim Cameron

于楠 译

POSITIVELY ENERGIZING LEADERSHIP

**VIRTUOUS ACTIONS AND RELATIONSHIPS
THAT CREATE HIGH PERFORMANCE**

中国科学技术出版社
·北 京·

北京市版权局著作权合同登记 图字：01-2024-3044。

图书在版编目（CIP）数据

正向领导：打造高绩效团队的底层逻辑 /（美）金·卡梅隆（Kim Cameron）著；于楠译 . —北京：中国科学技术出版社，2024.8
书名原文：Positively Energizing Leadership：Virtuous Actions and Relationships That Create High Performance
ISBN 978-7-5236-0755-8

Ⅰ . ①正… Ⅱ . ①金… ②于… Ⅲ . ①企业管理—研究 Ⅳ . ① F272

中国国家版本馆 CIP 数据核字（2024）第 097836 号

策划编辑	赵　嵘　王绍华		执行策划	王绍华
责任编辑	刘　畅		执行编辑	何　涛
封面设计	东合社		版式设计	蚂蚁设计
责任校对	焦　宁		责任印制	李晓霖

出　　版	中国科学技术出版社
发　　行	中国科学技术出版社有限公司
地　　址	北京市海淀区中关村南大街 16 号
邮　　编	100081
发行电话	010-62173865
传　　真	010-62173081
网　　址	http://www.cspbooks.com.cn

开　　本	880mm × 1230mm　1/32
字　　数	128 千字
印　　张	6.875
版　　次	2024 年 8 月第 1 版
印　　次	2024 年 8 月第 1 次印刷
印　　刷	大厂回族自治县彩虹印刷有限公司
书　　号	ISBN 978-7-5236-0755-8/F·1260
定　　价	69.00 元

（凡购买本社图书，如有缺页、倒页、脱页者，本社销售中心负责调换）

推荐序

每当我在商学院课堂上分享关于领导力的案例时，总会有两个名字频繁出现：路易斯·郭士纳（Louis Gerstner）和休伯特·乔利（Hubert Joly），他们都受命于危难之际，带领企业走出迷雾。而摆在大家眼前的这本书——《正向领导：打造高绩效团队的底层逻辑》，则从另外一个视角解读了正向领导的力量。

在 BANI 时代（Brittle 指脆弱易碎，Anxious 指焦虑，Non-Linear 指非线性，Incomprehensible 指无法理解），企业的管理和领导面临着前所未有的挑战。企业需要的不仅是短期的生存能力，还有长远的可持续发展能力。卓越的领导者应当引导企业走出迷雾，用正向能量照亮前行的道路。这本书中的案例和实证研究帮助我们理解如何在不断变化的商业环境中，通过正向领导力应对挑战，激发团队的正能量和积极关系，保持团队士气和动力，培养一个积极向上、持续学习和不断创新的组织文化，为企业在动荡的市场中提供稳定的内部驱动力，帮助企业在变革中保持竞争力。

如今，中国正站在全球经济变革的前沿，面对国际市场的风云变幻和国内经济的升级转型，企业不仅要追求经济效益，还要承担起相应的社会责任，展现出其独特的价值和影响力。正向领导力在此背景下显得尤为重要。正向领导虽然根植于西方市场经济的土壤，但其核心理念——通过正能量和积极关系来激发团队潜力和创造力——具有普世价值，能够跨越文化和地域的界限。东方文化，尤其是儒家文化，强调互惠共生、和谐共处。正向领导力可以被视为一种现代版的"仁政"，强调领导者的德行、慷慨、利他、信任和真诚，这些都是儒家文化中极为重视的品质。通过这些德行的实践，领导者能够激发团队成员的内在动力，促进团队的和谐与协作，从而提升整个组织的绩效水平。书中提到的"向日效应"，即所有生命系统都会被蓬勃的生命力——正向能量所吸引。这一理念与东方文化中的"天人合一"思想相契合。企业领导者应当像太阳一样，用自己的正能量照亮团队，引导团队向着光明和希望前进。在阅读本书的过程中，我们可以思考如何将西方的实用主义与中国传统的互惠共生理念相结合，创造出一种融合东西方智慧的新型领导模式。

从世界历史发展来看，不确定性既是常态，也是确定的开始。我相信本书能够为中国的高级管理者和企业家提供宝贵的洞见和实用的工具，帮助他们在全球化竞争中取得成功。让我们一起探索如何将正向领导力的理念融入我们的管理和领导实践中，打造更加高效、和谐且具有竞争力的团队，为社会创造更加美好的未来。

复旦大学管理学院市场营销学系副教授、副主任

复旦大学中国市场营销研究中心秘书长

褚荣伟

2024 年 5 月 24 日

前　言

本书告诉我们，企业和员工取得优异表现最重要的一个因素，即领导者展现出来的正能量。本书根据经过验证的科学理论提出，每个人天生会被正能量吸引，并且在这种能量的激励下，会变得越来越强大。同时，通过实证分析，本书证明了领导者的品德行为与身上展现出来的正能量和他们在企业中的积极表现密切相关。领导者的正面行为对企业实现高水平业绩至关重要。

本书为企业如何评估正能量，如何运用正能量，如何协助企业领导者发挥正能量，以提高企业业绩等方面，提出了实用的建议。在家庭关系、人际关系、社区服务和课堂教学中，这些方法也可以运用。因此，正向积极的领导力不但可以作为私营和公共部门取得成功的重要预测性指标，也可以应用到很多个体情境中。举例来说，那些受过正向激励领导力影响的学生，学习成绩要比没有受到过这类影响的学生好得多，并且他们的幸福感也更高。

本书旨在帮助不同类型企业的领导者、面对困境或挑战的个人、致力于帮助学生提升自我及学业成就的教师，以及希望增进与家人和朋友感情的群体。本书的主要目的是提供有用的建议，并提供验证这些建议的经验依据。

许多人都对本书的问世提供了巨大的帮助。贝雷特·科勒出版社的出版商，我的朋友兼编辑史蒂夫·皮尔森蒂（Steve Piersanti）、杰万·西瓦苏布拉曼尼亚姆（Jeevan Sivasubramaniam）等人的专业指导尤其让我受益匪浅。我的同事简·达顿（Jane Dutton）和鲍勃·奎因（Bob Quinn）除了协助我创建了一个正向组织中心，还为我带来了无穷无尽的精神动力和智力支持。我的同事韦恩·贝克（Wayne Baker）向我介绍了正能量的知识，让我踏上了探索正能量的道路，并在他的帮助下完成了这本书的创作。布拉德·欧文斯（Brad Owens）也为本书贡献良多。密歇根大学正向组织中心的全体员工，包括安吉·茜莉（Angie Ceely）、贝特西·埃尔文（Betsy Erwin）、胜见腾美（Hitomi Katsumi）、埃斯特·凯特（Esther Kyte）、苏·鲁尔（Sue Reuhle）、斯泰西·斯基梅卡（Stacey Scimeca）、凯蒂·特雷维森（Katie Trevathan），都以积极、正面的形象，为优秀表现树立标准。更关键的是，我的妻子梅琳达（Melinda）是我见过的最具活力的领导者，50多年来，她一直都在以身作则，为我们做表率。

目　录

绪　论
用正向关系的力量来引导

地震、洪水、龙卷风、网络攻击、道德沦丧、森林大火以及新冠病毒，对我们大多数人都是史无前例的挑战。种族不平等、经济上崩溃以及人员伤亡，都让我们共同认识到这个世界上存在很多问题。我们的生活充满了争吵、愤怒和暴力。经济上、感情上和健康上的打击，也改变了人们的日常行为、人际关系、风俗习惯，乃至价值观。

其中一种解决办法就是专注在怎样让自己变得乐观，怎样寻找幸福，怎样在困境中提高自己的幸福感上。事实上，亚马逊网上有数以千计的关于积极、快乐和健康的书籍。同样，社交媒体上也有很多通过使用特殊的食谱、运动、冥想和正面思维帮助人们战胜焦虑、压力、沮丧和忧虑的方法。正面的心态已经成了一种趋势，而媒体上有关负面的事物的文章也越来越多。

问题在于，人们在情感上挣扎，因失去亲人、工作或人际关系变差而感到压力时，或者仅仅是在逆境中徘徊时，很难变得乐观起来。"幸福学"（Happiology）并不是一种治疗悲伤的理想方案。不仅如此，机构中的领导者还经常对于如何采取干预措施持观望态度。他们表示每天都要承受在动荡时期管理底线绩效的压力，这会耗费他们大量的时间和精力。他们说，积极的做法只是摆脱了真实生活中的压力而已。"积极性"只是一种愉快情绪的副产品。

实际上，美国国家劳工关系委员会（National Labor Relations Board）颁布了一项决议，以响应最近 T-Mobile[①]公司关于要求员工"保持积极的工作氛围"的呼吁。该决议指出，引导员工积极向上只会带来更多的消极后果，会让人感到愤世嫉俗、抗拒、精疲力竭，甚至引发直接的敌对情绪。强迫式的积极态度会被认为是对那些因亲友去世而悲伤的人，因失业、人际关系破裂而难过的人的漠不关心。他们甚至连这样的感受都没有过。这个问题突出了本书与市场上那些提倡"积极"态度的其他书籍之间的重大差异。

本书并不涉及积极性、幸福学或自由乐观主义的讨论。本书探讨的是，如何利用所有生命系统内在的倾向使生命朝向光明，或赋予其积极的能量。这一理论主要建立在实证经验的基础上，用以说明正能量在工作场所中产生的显著作用。

结论如下：所有在光明或积极能量中生存的人都会蓬勃发

---

① T-Mobile 是一家跨国移动电信运营商。它是德国电信的子公司，属于 Freemove 联盟。T-Mobile 在西欧和美国运营 GSM 网络，并通过金融手段参与东欧和东南亚的网络运营。该公司拥有 1.09 亿用户，是世界上最大的移动电话公司之一。——译者注

展。这被称为"向日效应"，这种说法源于一种现象，即人们通常相信这种现象是由植物照射阳光引起的。"向日效应"是一个已被科学证实，但尚未在社会和组织中真正运用到实践中去的一种现象。第一章通过实证分析，说明了"向日效应"对个体的影响，同时也让个体在逆境和顺境中都能找到一条出路。结果证明，人们对积极的力量都会做出积极的反应，并借由正面的能量而获得新的收获。而在本书中，我们将学习如何运用"向日效应"。

在个人或群体中，最容易产生积极影响的就是"人际影响力"。本书告诉我们，如何凭借宽容、怜悯、感激、信任、宽恕和友爱等德行，来建立并巩固人与人之间的关系。德行，尤其是领导者所表现出来的美德，会给个人与团队带来巨大的积极影响，特别是在困难的时候，或失落、伤心的时候。第二章、第三章和第四章为实证分析，对以上结论进行验证。

如果让员工在情绪低落、焦虑或感到痛苦的时候，去做一些正面积极的事情，去想一些正面的事情，或者保持愉快的心情，就会使人产生一种"不正确"的积极态度。它不真实，虚伪，且令人难以置信。这是对困难时期积极回应的一种否定。这个时候，德行之所以重要，是因为德行能显示你的真诚和坦率。你若展示出你的德行，你与他人的关系便会改善，而非恶化。

例如，有研究表明，有些人在失去爱人之后会变得更加坚强，学会更欣赏自己的生活，让自己过得更好，这就表现出了他们的德行，包括同情、真诚、善良和更崇高的目标。

实证研究显示，当领导者能够树立起良好的道德典范后，无论个人还是集体，都能在困境中获得巨大的发展。举例来说，在一家大型金融服务机构里，首席执行官约翰·金（John Kim）相信，公司之所以能取得这样辉煌的成绩是因为正向领导力发挥了作用：

人们一开始认为，实施正向领导力只是采取一种正面的态度，也就是露出一个微笑。但很显然并非如此简单，这是一次巨大的改变……没有终点，也没有最终成绩。这关系到我们文化、战略和方法的变革。这不是目的，也不是结果，而是一个过程。如果客户和员工都觉得我们公司的整体技术水平超过了平均水平，而且以超越他们的想象的方式获得了成功，那就说明我们成功了。我们不谈怎样才能实现这一目标，我们只谈如何采取主动。就算我有心阻止这一进程恐怕也无能为力。这是我力所不及的。到现在为止，人类的所作所为还将继续。

约翰取得的成绩：他创造的赢利是其对手公司的 4 倍，员工福利得到了极大的改善，员工流失率大大下降，并且他的客户忠诚度也在公司名列前茅。本书提到，儿童在很小的时候，

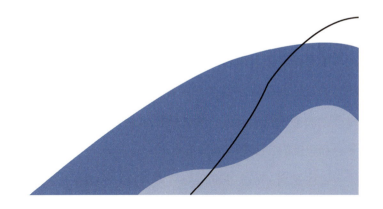

每个人天生都会被正能量吸引，并且会在这种能量的激励下变得越来越强大。

就会自然发育出良好德行的倾向，进而建立良好的人际关系，而领导者的德行则会给机构带来积极正面的影响。图 0-1 概括了这一核心观点。

图 0-1　领导者德行对机构的影响

领导者的正能量

在众多的研究中，领导力是影响一个组织及其下属工作绩效的重要因素。在现实生活中，管理者的行为对公司绩效的影响占公司绩效的 20%~70%。至于其他因素，比如公司的文化、战略、运作和激励等，都是次要的。所以，本书着重介绍了正向领导者的主要特质，还有一些有助于发挥积极领导力的方式和行动。好的领导行为不仅可以给组织带来提高收益、生产力和员工忠诚度等积极影响，还可以提供一种不会随着时间而消耗，以及即使在耗尽后也不需要补充的能量。当身体、情感和精神上的能量被消耗后，相关的能量就会增长。德行对正向领导力和积极的人际关系至关重要。

要注意到，一个正向领导者并不是一个自大、总爱出风头的支配者，他未必是当家做主的人，也不一定喜欢身先士卒。他不必性格外向也不必勇敢，他在与他人接触交往的过程中逐步成长、进步和发展。他散发着一种鼓舞人心的光芒，去帮助他人成为更好的自己。约翰·昆西·亚当斯①在200多年前对正向领导者做了适当的解释：

如果你的行动能激发别人有梦想、去学习、去做事、去成长，那么你就是一位有进取心的领导者。

我的朋友兼同事吉姆·马洛齐（Jim Mallozzi）就是一个正向领导力的榜样，他是一家美国企业的前首席执行官，企业隶属于保德信金融集团（Prudential Financial Services）。因为吉姆的领导生涯充满了正能量、积极的领导力，所以他取得了积极的成果。

当公司陷入困境时，吉姆被任命为美国保德信房地产公司（Prudential Real Estate and Relocation）的首席执行官。员工士气低落，一些客户非常不满意，以至于保德信房地产公司为了留住客户而向他们支付了溢价。吉姆上任时，该公司亏损了7000

---

① 约翰·昆西·亚当斯（1767—1848），美国政治家、外交家、律师，第六任总统（1825—1829），绰号"雄辩老人"。是第二任总统约翰·亚当斯及第一夫人爱比盖尔·亚当斯的长子。为与其父作区别，又被称为"小亚当斯"。——译者注

万美元，而前一年亏损了1.4亿美元。

在一帆风顺的情况下，讨论正向领导力很容易；但是在艰难的时候，比如所有的事情都往糟糕的方向走，同事间相互指责和谴责之声不绝于耳的时候，表达积极的观点往往会被认为是软弱、煽情、多愁善感和盲目乐观。吉姆是个典型的积极型领导者，他在担任首席执行官时表示：

我接手这家公司时，我们一年要亏损7000万美元。公司去年亏损1.4亿美元。回顾以往的工作经验，我得出了一个关于正向领导的结论。我们要传达的信息就是，多看我们拥有的，少看我们没有的。多看我们能做什么，少看我们不能做什么。我们要多想想如何才能突破企业的局限，而不是让自己重蹈过去三五年的覆辙。我们如何能够创造出行业中前所未见的伟大成就呢？在这方面，我们采取了许多积极的措施和手段，当然，最终取得了喜人的成绩。

事实上，结果是惊人的。一年之内，公司从亏损7000万美元变成了赢利2000万美元；荣获了君迪（J. D. Power）① 服务

---

① J. D. Power是一家全球领先的提供消费者洞察、市场研究和咨询、数据及分析的服务企业，致力于帮助企业提升客户满意度，进而推动业绩增长并提高利润。——译者注

奖（美国最负盛名的奖项之一）；一些客户对公司的满意度是100%；10个主要类别中有9个类别的员工评价得分提高了；公司的财务状况比它的运营计划所预期的要好一倍；主动离职率下降了。而且，当沃伦·巴菲特（Warren Buffett）的公司伯克希尔哈撒韦公司[①]（Berkshire Hathaway）在数年后收购保德信旗下的房产中介时，其股价远远高于其母公司。

但是，吉姆并不只是当上首席执行官的时候才表现出积极向上、精力充沛的领导才能的。这一点也影响到了他的个人生活。例如，有一次，吉姆的太太莫琳打来电话，说他的女儿在学校里的分数出来了。要求他跟他的女儿谈谈她某门功课成绩不好的事。她的成绩是这样的：

英语：A

历史：A

化学：A

数学：D

人文学科：A

[①]　伯克希尔哈撒韦公司，一般指伯克希尔·哈撒韦公司。伯克希尔·哈撒韦公司由沃伦·巴菲特创建于1956年，是一家主营保险业务，在其他许多领域也有商业活动的公司。其中最重要的业务是以直接的保险金和再保险金额为基础的财产及灾害保险。——译者注

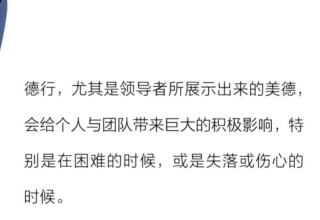

德行，尤其是领导者所展示出来的美德，会给个人与团队带来巨大的积极影响，特别是在困难的时候，或是失落或伤心的时候。

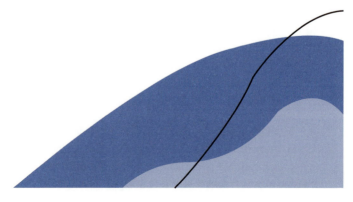

一般情况下，大部分父母都会关注糟糕的数学成绩，注意力会很自然地集中在问题学科上。而吉姆恰恰相反，哪怕是在家，他也从来没有放弃采取积极的态度，并且一直都是这样做的。

吉姆：我得跟你说说你的成绩。

女儿：我知道，爸爸。

吉姆：我想和你谈谈你的英语成绩。

女儿：可是我的英语得了 A。

吉姆：我知道你得了 A，但我还是要说说英语。你喜欢你的老师吗？

女儿：我非常喜欢她。

吉姆：你按时交作业了吗？你上课了吗？

女儿：天天都有。

吉姆：你下课后找过老师问问题或批改作业吗？

女儿：有的。有过几次。

吉姆：你有没有为了准备考试和作业而参加学习小组？

女儿：我们就是一群人凑到一块来读书，相互帮忙的。

吉姆：看，宝贝，你是得了 A 的学生。你是知道怎样才能得很多 A 的。不过我们还是说说数学吧。你喜欢你的数学老师吗？

女儿：我觉得他招人烦。

吉姆：你按时交作业了吗？你参与课堂讨论了吗？

女儿：哎呀，没有。我看不懂那些内容。

吉姆：你课后会去找老师问问题或者批改作业吗？

女儿：没有。我可能应该去，但我不希望自己看起来跟个傻瓜一样。

吉姆：你有没有为了准备考试和作业而参加学习小组？

女儿：没有，我不想让别人知道我的数学有多差。

吉姆：嗯，宝贝，你为什么不把英语课得 A 的方法运用到数学课上呢？每个礼拜五我会检查，跟你复盘这些事情。你不需要喜欢你的数学老师，但你一定要尊重他。我希望你能坚持每天积极回答问题，哪怕只是举手让老师重复一次他说过的话。此外，可以考虑在下课后向老师请教一下不明白的地方。如果你和其他人都不明白，那你们为什么不组建一个学习小组来互相帮助呢？如果你因为不理解讲课内容而没有完成作业，那么请告诉我，我们会给你一些帮助。你能这样做吗？

女儿：好吧，爸爸，没问题。

我们很容易就能猜测出他的女儿在下一个学期期末的数学成绩。

本书阐述了什么是正能量，它与领导力的联系，它是如何作用于个体的生活和他们所在的机构的。除了示例和故事，本书还将引入经过一些验证的实证分析。

证据的重要性在于，当结果重大，预期结果必须得到保证并且有重大影响时，科学上的正确性就显得尤为重要。没有人会认为，一个医生可以只依靠在杂志上发表文章，讲一些激动人心的故事和有趣的案例就能来行医。我们要确保对患者的治疗是基于可靠的科学知识，对组织结构来说也是如此。由于领导者对一个企业的业绩有很大的影响，因此在向领导提供意见时，必须有证据来证明自己的意见是否可靠和有效。所以，在本书中，我们会给出一些科学的依据和相关的资料，以便对这些问题进行检验。

章节概述

第一章首先对"正能量"的含义进行了界定，并解释了为何人们天生喜欢正能量。其中一个重要的概念是"向日效应"，即一切生物都有一种天然的趋向，那就是把自己引向光明，为生命带来正面的能量。第二章论述了正面激励对企业和个人的重要性。第三章归纳了正能量的主要特征，总结了已有的一些研究成果，从而论证了积极情绪对企业业绩、员工产生的影响。第四章着重探讨了一些与正能量关系不大，却能产生正能量和积极效果的事物。

第五章将介绍一些运用正能量的实例，并探讨这些机构如何实现优秀的业绩。书中包含了一些实用案例，它们已经被我所研究的机构采用。第六章涉及对积极观点和积极能量作为一个主题的各种反对意见。针对种种质疑与批评，本章提出了几点对策，以期让读者对正能量、正向领导、积极实践的成效与实效性有更大的信心。

另外，本书还提供了三项参考：资料一说明了几种衡量正向领导力的方式；资料二说明了几种提升正向领导力的做法；资料三说明了一些讨论问题，有助于教授、指导和强化运用。

第一章

能量形式和向日效应

当今世界正经历着百年未有之大变局，"乌卡时代"（VUCA）已经来临。VUCA 这个词，最初由美国军方在 20 世纪 90 年代提出，是 Volatility（易变性）、Uncertainty（不确定性）、Complexity（复杂性）和 Ambiguity（模糊性）的缩写。各国领导模式、决策机构不尽相同，科学结论常常相互矛盾，社交媒体上也充斥着关于如何应对焦虑、压力的建议，这些往往让人越发感到困惑，无所适从。因此，要想在一个动荡的环境中实现有效的管理，就需要找到一种具有普适性和稳定性的管理方法。

以美国第 35 任总统约翰·肯尼迪（John Kennedy）的儿子小约翰·肯尼迪（John Kennedy Jr.）坠机事故为例。1999 年，小约翰携妻子及其妻姐驾驶一架私人飞机从新泽西州飞往马萨诸塞州沿海岛屿的马撒葡萄园岛。飞机起飞时，天色渐暗，暮霭沉沉，能见度很低。飞行训练记录显示：小约翰只有目视飞行资质，并没有获得仪表飞行资质。最终，飞机坠入马萨葡萄园离岸大西洋水域，机上三人全部遇难。通过后来被找到的黑匣子等信息综合判断，小约翰一直以为自己在拉升平飞，而实际上他正在向海面俯冲。

在不断变化的环境中，管理者往往无法实施有效的管理，实施长期有效的管理尤其困难。管理者需要寻找一些不会变化或者变化缓慢的要素，认识并把握变化，做到以不变应万变。想象一下，在一个漆黑一片、伸手不见五指的阴天夜晚，如果我们坐在美国五大湖中间去辨别方向，多半会"找不着北"。我们需要利用（如星星和海岸等）恒定不变的参照物来辨别方向。

那么从长远来看，什么是不会改变的呢？我们该如何面对乌卡时代的挑战？许多事物不会随着时间的推移而改变，人类对正能量的向往就是放之四海而皆准的普遍真理之一。太阳为自然界中的生命提供能量。把盆栽植物放在窗台上，久而久之，就会发现植物会朝着向阳的方向生长。这是"向日效应"的一个例子。最准确的描述：所有的生命系统都会被蓬勃的生命力——正向能量——所吸引。任何一种生物都有趋利避害的本能。和正能量的人在一起会生机勃勃，和负能量的人在一起会萎靡不振。也就是说，所有的生物都喜欢追逐正能量，远离负能量。

自然界中的正能量往往以阳光的形式存在（因为光合作用只能在有光的条件下进行），但同样可以表现为其他形式，如人与人之间的善意、高质量的人际关系和善良的行为等。这一点是合乎逻辑的。我们发现，物种在进化过程中无不随着时间推移而自然靠近滋养生命的正能量，避免或排斥消耗生命的负能量。

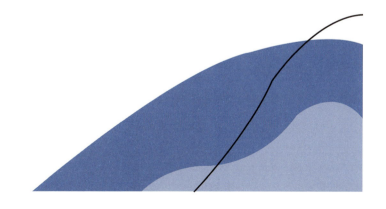

当领导者能够树立起良好的道德典范后，无论是个人还是集体，都能在困境中获得巨大的发展。

这一原则意义重大，不仅会影响我们养育子女的方式，还会影响组织管理中的激励机制，影响我们与员工和熟人之间的关系，以及在动荡艰难时期的行为表现。它是不可动摇的普遍性原则，因此，向日效应如同一个恒定的锚，我们可以以此为参照来应对不断变化的外部世界。

　　本章接下来将侧重介绍向日效应，并提供一些经验性证据，以证实其对人类的重要性和普遍性。我们会对正能量，尤其是与正向领导力有关的正能量概念进行说明。

向日效应

　　向日效应和向光效应类似。这两个概念都是指一切生物趋向光照或生命能量来源的一种倾向。爱因斯坦将光与能量相提并论，他说，光只是大自然通过空间传递能量的一种方式。 弗洛伦斯·南丁格尔①有一句名言："以我所接触到的病患经历，毫无疑问，患者最需要的就是阳光，其次才是新鲜的空气……他们需要的不只是光，还要有直射的日光……人们以为这些效应只是作用于他们的心理，事实并非如此。太阳不仅是画家，还是雕

---

① 弗洛伦斯·南丁格尔（1820—1910），英国女护士，近代护理学和护士教育创始人。——译者注

塑家。"大量科学研究证实，人类向往光，光赋予生命能量。

这个实证的依据来自多方面。1832 年，A.P. 德康多尔（A.P. de Candolle）第一次发现了这个问题。随后，在 19 世纪 90 年代，达尔文和乔治·约翰·罗曼斯（George John Romanes）又对这种现象进行了研究。他们主要从事植物、哺乳动物等领域的研究，随后又对昆虫及其他各种动物的生活方式进行了研究。结果表明，它们也需要经常在光线下生活。研究者认为，这一现象是由生物体内细胞中的一种内在的光化作用引起的。

例如，光线进入人的眼睛后，与眼底的视网膜及视杆细胞和视锥细胞相互作用，光线刺激会被转化为电脉冲，再由电脉冲传送到脑部，从而"看到"实际影像。电脉冲传递到大脑中被称为视交叉上核（SNC）的区域，这是调节生物钟的重要脑区。视交叉上核属于下丘脑，负责调节饥饿、口渴、睡眠、激素和神经系统。

在任何生物体内，光都会引起一系列的化学变化，所以我们的机体依赖光线来获取赋予生命的能量。在我们体内，个体细胞和蛋白质对于光线也有同样的敏感度。研究显示，人体内充斥着不计其数的光敏化学转换器及放大元件。即便是没有双眼的单细胞生命体，其外膜上也含有为其提供能量的光敏分子。然而，人类与光的接触不仅仅是皮肤表面，人体也不是一个黑暗的洞穴。相比之下，光在体内起着重要作用。例如，细胞色素解释了激光如何治愈这么多不同的病症。细胞色素把太阳光转化为细胞的能量。大多数光子都被细胞内的能量发电站——线粒体所吞噬，所以太阳的光子通过薄膜被细胞色素吸收，从而产生一种叫作三磷酸腺苷（ATP）的分子。这种分子起到了类似电池的作用，为细胞的运作提供能量。三磷酸腺苷还可以为机体的免疫功能及细胞的自我修复提供能量、提高耗氧量、促进血液循环及促进新生血管的生成。

哈佛大学医学院的迈克尔·汉布林（Michael Hamblin）所做的多项实验显示，光线不但能为人体带来活力，还能杀死癌细胞、修复运动损伤、治疗创伤性脑损伤、治疗痴呆，加快明显创伤的恢复并显著促进伤口的愈合。

古人认识到了光与向日效应之间的这种联系，埃及、希腊、印度和佛教的治疗师都利用有规律的阳光照射来提高疗效。比如，2005年，人们又发现，将术后恢复的患者安置在一个阳光充足的房间（而不是人工照明的房间）能大大缓解患者的疼痛。对于一些抑郁症患者，接触全光谱光与药物治疗具有相同的疗效，并且副作用更少。

此外，研究发现，光是调节人体生物钟或内部时钟的关键因素，使人体与地球有规律自转所形成的24小时周期保持同步。生物钟系统负责调节一系列身体功能，以及调控关键激素，包括控制睡眠的激素（褪黑激素），控制饥饿感的激素（瘦素）和饱腹感的激素（胃饱腺素）。破坏了生物钟节律会导致睡眠质量下降，并引发一系列疾病，如肥胖、糖尿病、心脏病和多种癌症。从生理学上讲，有证据显示，人类之所以能够繁衍生息，是因为人类天生就偏爱阳光和阳光所带来的正能量。向光效应能够解释为什么人们对正能量能有这么大的反应。

能量形式

除了与光的联系外，正能量也有其他来源。我的同事韦恩·贝克发表了一篇关于能量文献的精彩综述，在这篇文章中，他谈到了几种不同的能量。在他看来，能量已被用作各种类似的概念，如唤醒、积极影响、热情和活力的代名词。他认为，在物理学、生物学和化学等学科中，能量被定义为做功的能力，这一定义也适用人类行为。传统意义上，能量仅仅是一种工作的能力。

不过，我的同事瑞安·奎因（Ryan Quinn）、格蕾琴·斯普莱策（Gretchen Spreitzer）和林泽富（Chak Fu Lam）已经把工作能力与另一种不一定与采取行动相关的能量形式区分开来。他们将能量分为两类：一是激活潜力，或工作能力；二是能量刺激，即活力、热情和生命力。

第一种形式的能量——激活潜力，与人体内的葡萄糖/糖原

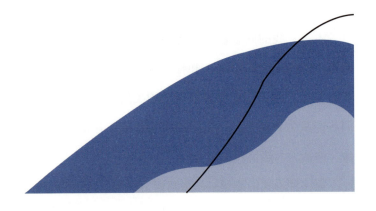

好的领导行为不仅可以给组织带来收益、生产力、员工忠诚度等积极影响，而且还可以提供一种不会随着时间而消耗、并且在耗尽后也不需要补充的能量。

和三磷酸腺苷的量有关。这类能量是一种既会增长也会耗尽的资源。比如，许多广告都在宣传如何利用健身设备、健康饮食、减肥、摄入营养补充剂等方式来让人们感到精力充沛。一般情况下，这类能量会随着消耗而减少。一个跑完马拉松的人会感到疲劳，需要过一段时间才能恢复。身体的能量也会逐渐减弱。

同样地，一个人在辩论、在体育比赛中喝彩，或者被上司训斥时，都会消耗掉他的情感能量。想要振作起来，常常需要休息。情感能量随着时间的消耗而减少。

一个人把整个周末的时间都用在温习功课上，把所有的精力都用在记住一些难懂的知识上，或在解决一些数学难题上，他肯定会觉得很累，也要花点时间来恢复。越往后，精神能量就越低。每一种能量身体的、情感的和精神的能量都属于第一种能量形式——激活潜力。由于葡萄糖 / 糖原和三磷酸腺苷会随着时间的推移而逐渐枯竭，所以它们是一种随使用而逐渐减少的资源。

第二种能量形式——能量刺激，并非一种累积的能量，更像是一种存在状态或者说是一种情绪激发，其表现方式主要是以激励情绪和正面情绪为主。关系能量属于第二种能量形式。关系能量指的是人与人之间相互作用的能量。与其他能量形态不同，它在出现的一瞬间，就会得到升华和强化。举例来说，当我们与喜欢和支持我们的人在一起时，我们很少会感到疲倦；

与我们所信赖、关心和体贴的人在一起时，我们也几乎感觉不到疲惫。确实如此，我们一直都在不断地去寻找那些爱我们的人、我们所爱的人，借此获得自我的更新与能量提升。换句话说，关系能量是一种自我提高、自我更新的力量。

大量的研究显示，积极的关系能量可以使人长寿，缺少这些因素的人早逝的可能性要高出 2~4 倍。与吸烟、过度饮酒和肥胖等因素相比，积极的人际关系能量这一因素是更准确预测一个人的长期健康状况和死亡率的标准。

由于个体更有可能向积极的人寻求并共享信息和资源，因此，员工在工作中的表现也会显著提升，这得益于关系能量的作用。如果一位领导者能够拥有积极的人际关系，就能有效地提升员工的工作表现。此外，这种能量可以让一个高效的领导者从其他人中脱颖而出。成功的领导者通常都是正向的激励者。

作为全球最大轮胎生产商的一名高管，原田俊志（Toshi Harada）曾经用一段恰当的话描述积极的人际关系能量对一位领导者的重要性。原田极力提倡把积极的关系能量运用到领导力上。他这样说明了这件事的重要性：

日本生产原则中有一条最基本的原理，就是尽量避免和减少生产过程中的浪费。我发现，带有消极动机的领导者会对公司资源造成巨大的浪费。举例来说，看到一位游客在密歇根冬季的大街上行走，寒风吹来，他就会多披一件外套。同样的道理也适用那些没有主动意识，只知道指出部下犯错，然后依赖处罚手段来得到结果的领导者。人们会将他们的思想封闭起来。因此，采用消极激励模式的领导会在短期内看到一定效果。一旦小组人员自我封闭，这些效果就无视了。因此，这种管理就像坐云霄飞车一样，忽上忽下。我们必须有一位积极进取的领导者，才能有长远发展。

换言之，如果一个领导者展现出积极的一面，他将会更加高效、更加富有成效。

当然，个体并不能用一种完全独立的方法来释放能量。在很多情况下，个体在同一时间内释放的能量是不同的。比如，在新冠疫情隔离期间，在家照顾孩子的人要整天陪伴孩子，并为孩子举办各种活动，他们会感到既费神又费力。在同一时间内，消耗掉的能量不止一种。但是，如果大人和孩子每天晚上在床上相互依偎着，一起聆听睡前故事，那么他们之间的关系能量就会得到恢复。关系能量是一种可以自我增强的能量刺激。

精力、影响力、外向性和内在动机

在学术研究中，人们常常把正能量与其他概念（如影响力、外向性或内在动机）混为一谈。然而，这些概念之间存在着很大的差异。例如，影响力往往是指能够使他人按照你的意愿行事。绝大多数领导力研究者都把领导力与影响力相提并论。如果你有影响力，那么你就是一位领导者。人们会追随那些有影响力的人。但是，影响力和能量之间的差异可以用两个有影响力的人和两个有正能量的人的故事加以解释。

当两个极有权势的人意见相左时，很有可能会引发冲突，因为双方都想左右彼此。到目前为止，全球已经发生了40多场重大战争，主要目的就是确认谁来执掌政权，谁才是最有权势的国家。在各种影响因素之间常常出现对立与冲突。管理和影响力有关的动态，就像管理权力、冲突和竞争一样。

相反，如果两个人身上都带着积极的情绪能量，那么他们得到的结果就会大不相同。由于积极能量是向阳性的，这两个人会更多地合作或者频繁交流。正能量将他们彼此吸引，而不是相互争斗，或者互相支配。大多数情况下，双方都会进行沟通，并尝试合作。因此，在组织中施展积极能量的人与施展有影响力的人是完全不同的。管理能量更多地关注推动合作，管理影响力则主要集中在化解冲突上。

正能量有时也与外向性混为一谈。外向的人性格开朗、健谈、喜欢社交而且活力十足。与外向性格形成鲜明对比的是性格内向的人，他们沉默寡言、内向、冷淡和消极。精力旺盛的一个正向领导者并不是一个自大、总爱出风头的支配者。他们未必是当家做主的人，也不一定都喜欢身先士卒。他们不必性格外向也不必勇敢。他们通过接触交往的人逐步成长、进步和发展。他们散发出了一种鼓舞人心的光芒，去帮助他人成为最好的自己。

人常被看作是性格开朗的人，很难不引起别人的注意。

但是，实证研究显示，人的外向性和正能量并不一致。例如，如果没有正能量，外向性对个人幸福感和个人满意度的影响是微乎其微的。事实上，外向性和积极的关系能量之间的关联度较低，且并不显著。正能量与幸福感密切相关。性格外向的人往往更愿意去领导他人，常常让人感到精疲力竭，而不是充满活力、感到振奋。他们只会侵占他人的时间与精力，而不会给他人带来正面的影响。研究表明，在现实生活中，当一个人性格外向而又十分积极主动时，他的快乐程度和自我满意程度会有很大关系。一旦没有了正能量，所有的事情都会改变。

我们都认识一些不会抢着说话、不会在每件事情上大放异彩、不会大喊大叫以引起他人注意的人，但是他们可以为整个组织注入活力，使身边的人受益，并且很可能他们是内向的人，而不是外向的人。正能量的人不同于外向的人，这是因为积极的情绪不会影响人们的个性。内向的人可以像外向的人一样积极向上。

有些人还认为，正能量仅仅是一种内在的驱动力。这个概念是一种不需要外部的奖赏或认可就能积极地去做事的欲望。一个有内在动机的人，会受到内部满足感、意义感或学习感的驱动，他只是为了实现自己的目标而努力工作。而被外在动机驱动的人，是为了获得他人的认可和回报而努力。他们依靠外在的激励来督促自己。

正能量，特别是正面的人际关系能量，并不是一种激励力量的产物。相反，它表示一种关系在某种程度上得到了提升和满足。因此，正面的关系能量既是一种社会现象，也是一种个体现象：它之所以是社会的，因为它来源于人际关系；正因为这样的感情来自内在的感觉，它也是一种个人化的情感。正能量不是一种动力，而是个体所能达到的一种状态。其根源在于人际关系，而不是有没有报酬。正能量可能与意义性相关，也可能不相关，而意义是内在动机的一个重要特征。

结论

本书最主要的目标是，找到如何帮助领导者提高和增强他们与他人的正向人际关系的方法。大量的科研证据表明，只有高效的领导者，同时也是最能主动激发别人的领导者，才能在他们的企业中带领员工取得卓越的成绩。展示正向能量对提升企业的整体业绩有很大帮助，因为员工会更多地关注自己的工作，更多地把工作和使命结合起来，更多地感受到幸福，更多地展现自己的创造力和超越能力。在学校里，受到老师正向人际关系影响的学生，其学业成绩要好于那些没有受到相同影响的学生。

下面几章将介绍这种成果是如何产生的，如何培育正向关系能量，如何在不同的组织情境中，特别是在乌卡时代，如何发挥这种积极力量的作用。

第二章

组织中的正能量

这一章将帮助我们理解正向关系能量，以及正向关系能量对于领导者的影响。同时，这一章也将说明正向领导者对于团队成员及整个组织整体发展所起到的重要作用。本章还将讨论如何识别那些拥有积极情绪的员工，以及在我们想要聘用他们时应该注意的事项。

正能量与领导力

判断一家公司领导的地位的常用方法是阅读一张公司结构图。排在最上面的人为领导，负责组织的绩效、策略和财务情况。人们经常将领导才能和责任相关联。比如，图 2-1 给出了一张常规的结构图表。将这些框连起来的线条表明了汇报路径，以及哪个人是最高领导者。我们都见过这样的图表，它们通常是用来表明领导地位的。

感谢我的同事韦恩·贝克，他在这一章中引入了"正能量网络"这一概念。

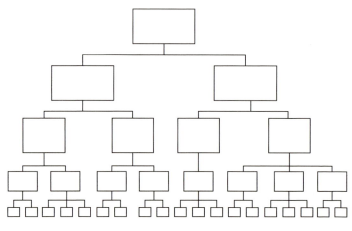

图 2-1　常规组织的等级制度结构

　　不过，还有一些方法可以用来体现一个人在公司里的地位，其中最常见的就是关系图表。我们都曾在航空杂志的封底见过飞行网络地图。城市之间通过航线相连，因此，地图上的一些城市显示在中心枢纽位置，而另外一些城市则显示在边缘位置。在一个企业的网络结构中，节点是人而不是城市。

　　那么，我们如何使用网络地图来识别领导者呢？

　　表示领导力最常用的方法之一是以信息流为基础构建一张网络地图。问题在于，是谁向谁传递了信息，谁又从谁那里获得了信息？网络分析得出的结果很明确：假如你处在信息网络的中心或枢纽位置，那么你不但会被视为领导者，你的表现还会超过常规水平，你管理团队的表现也会比其他人更出色。这是有道理的。如果所有的信息都经过你，那么你就能决定和别

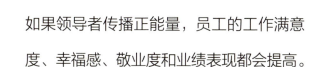

如果领导者传播正能量，员工的工作满意度、幸福感、敬业度和业绩表现都会提高。

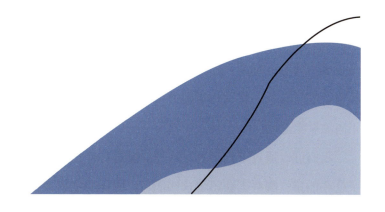

人共享什么消息。如果你掌握了全部机密、掌控了消息来源，那就能占据上风。你可能会比别人做得更好，你管理的团队也会比其他部门表现得更好。

对一个企业信息网络进行分析时，通常从其影响力网络入手。这个问题涉及谁对谁产生影响，谁又受到谁的影响。这个发现也在意料之中。如果你处在影响网络的中心或枢纽位置，那么你就会被看作领导者。此外，你的绩效将高于平均水平，你负责部门的表现也会高于平均水平。这再一次证明了这些研究成果合情合理。假如你能让他人追随你，左右他人的意图与目标，对别人发号施令，大部分时间都能按照自己的方式行事，那么你将会占据上风，你的绩效也将会超过任何人。

无论在学术上还是在大众文学中，影响力是迄今为止领导力最大的特征。事实上，人们经常把影响力等同于领导力。人们普遍认为，只要你有影响力，你就会成为领导者。领导者可以影响其他人。员工是因为受到了领导者的感召而跟随他的。

然而，我和我的同事发现，影响力并不是衡量一个领导者是否成功的唯一标准，还有其他可供选择的标准。这些替代标准与正能量有关，特别是正向关系能量。那么，怎样才能识别正向关系能量呢？

我们可以通过下列问题对这种能量进行评估：哪些人赋予了这些能量？哪些人获得了这些能量？同样的道理，我们也可以衡量信息和影响网络，这样我们就可以很容易绘制出一个企业正能量网络地图。我们采用同样的方法，但要求每位参与者都来回答这样一个问题：当我和这个人互动时，我的能量发生了什么变化？我与这个人的交流让我感受到了怎样的激动、兴奋和振奋？

要知道，我们并不是要别人来评价你的能量。相反，我们要求个体对关系中的能量进行评估。评估个体与他人之间的互动以 7 分制为标准。例如，1 分表示"我和这个人交流时，我很无精打采"，4 分表示"在我和这个人交流时，我既不会精力充沛，也不会无精打采"，7 分表示"在我和这个人交流时，我非常有活力"。

请每一位参与者为自己与团队中其他成员之间的交往活跃度打分，据此，我们可以得出一套和他们每个人都相关的评价。最后，将评级结果录入一个网络映射统计程序中（网上有很多可用的统计程序），并根据用户交互过程中所产生的"关系能量"，绘制出一张网络地图。在此基础上，我们可以很容易分辨出，哪些人是正能量传播者（网络中的节点或枢纽），哪些人是负能量传播者，哪些人处于边缘地带，以及哪些人传播能力较弱（图 2-2）。

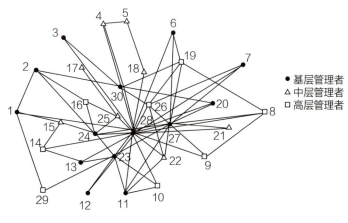

图2-2　正能量网络

以往的研究显示，相对于影响力、信息等其他刺激因素，能量对员工和企业业绩的影响更有效，下面概述了这些证据。

正向关系能量的重要性

就像第一章说的那样，有些能量是可以识别的，如生理能量、情感能量，还有精神能量。随着时间的推移，它们会随着被使用而减少。关系能量是唯一随着使用而提升或增加的能量。在与他人互动的过程中，关系能量能够帮助我们自我更新、自我提升。

图2-2为一家大型跨国零售企业中员工的正能量网络地图。每一个圆点、三角形或正方形都代表一个人，其他人基于7分

制李克特量表[①]，根据与这个人互动所展现的正面能力对他进行评价。这些线条表示接受正能量和赋予正能量的过程。6分或7分都表示这个人很有主动性。

正方形代表企业决策层或高层领导。三角形代表中层管理人员。这些小圆点代表的是资历最浅或者地位最低的人。请注意，这里有几个处于高层（正方形）的人，他们几乎没有激活任何人（例如，网络中的数字8、9、10和29）。这些人对公司的积极作用微乎其微。因此，我们可以假设，他们没有产生百万美元年薪的价值。

此外，再看一下这个网络的中心，你会发现一些为该机构注入活力的最底层人士（圆点）。那些低级别的员工会对许多人起到正面的鼓舞作用，并能推动机构的进步（例如，网络中的数字27、28和30），他们也能从别人身上获得正能量。由此可见，一个人在公司中的职位与他是否是正能量推动者之间没有太大的关系。

---

① 李克特量表（Likert scale）是评分加总式量表中最常用的一种，属同一构念的这些项目是用加总方式来计分，单独或个别项目是无意义的。它是由美国社会心理学家李克特于1932年在原有的总加量表基础上改进而成。该量表由一组陈述组成，每一陈述有非常同意、同意、不一定、不同意和非常不同意五种回答，分别记为5分、4分、3分、2分、1分。每个被调查者的态度总分就是他对各道题的回答所得分数的加总，这一总分可说明他的态度强弱或他在这一量表上的不同状态。——译者注

和正能量的人在一起生机勃勃，和负能量的人在一起萎靡不振。

不管此人是首席执行官还是新来的分析师，是将军还是下士，是教授还是研究生都无关紧要，等级地位与正能量之间并不具备正向关系。

图 2–3 所示为该机构瘫痪的网络。在 7 分制的李克特量表中，这些人被评为 1 分或 2 分。他们正在使他人失去活力，剥夺别人的生活，产生负面的人际关系能量。你们也看到了，一些高层管理者（正方形）正在削弱许多其他员工的积极性（例如，网络中的数字 10、16、19 和 29），使他们彼此间的沟通日益减少。

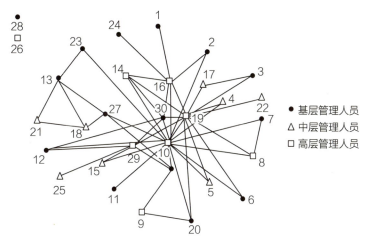

图 2–3　一个失去活力的网络结构

在网络地图的左上角的两个人（网络中的 26 和 28），他们不会使任何人筋疲力尽。在李克特量表上，没有一个人对这两种情况给予 1 分或 2 分的评分。但是，这两人是公司里唯一没有负面评价的员工。言下之意是，大多数人不只是单一的能量提供者或者消耗者。反之，大多数人会让另一些人充满活力，而使其他人萎靡不振。活力并不是一种全有或全无的状态。实际上，在正面交流和鼓励之间存在着类似的关系。如果你激励的人比受到你的消极影响的人多 3~5 人，那么你给公司带来的影响就是正面的和积极的。

在我调研过的另外一家公司里，差不多每一位高层管理者都被认为是"消极情绪的传播者"。大部分身居高位的员工在交互问卷中只能得到 1~2 分。了解到这些数据后，这家公司还推出了一项计划，旨在培养高级管理人员的正面领导力，这一点值得赞扬。

最主要的是，正能量是一系列可以被培养的特质。正能量并不只是表现在人格魅力上。它不只是外向性或人格维度的问题，也不仅仅是外在的魅力。正能量是每个人都可以学习和培养的一系列特质。在第三章、第四章，提出了正能量的几个主要特征，并提出了正向领导力的培养策略。

图 2-4 展示了由我的一位同事，罗德·克罗斯（Rod Cross）建立的信息共享或通信网络。这个网络地图表明了哪些人提供了信息，哪些人获取了信息。你可以看到，许多沟通渠道都已被充分利用。大量的信息共享正在发生。图 2-5（见 P.046）表

明，在负能量传播者中，同样存在着一个信息共享网络，但交流很少。也就是说，因为要付出情感和社会成本，人们往往不愿意与死气沉沉的人沟通。和负能量传播者打交道，真的很累人。所以，在统计学上，传播与能量之间是正相关的：正能量越多，传播就越强。在正向和积极的关系中，信息共享的频率和丰富度都在增加。

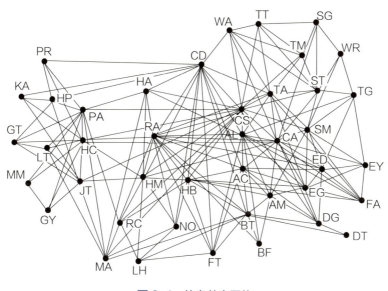

图2-4　信息共享网络

（图片经罗德・克罗斯许可使用）

我们还可以测定能量网络的密度。在一个团体或一个机构中，对所有潜在成员之间的联系进行研究，从而测定出他们之间的密度。问题在于，在这些可能的联结中有多少是积极的，又有多少是消极的？如果每一个人都从"能量"的角度去评价彼此，那么其中有几种关系是积极的？可以预见，一个正能量网络越密集，即网络中的每个人都能够给他人以正面激励，那么这个企业的绩效就会更好。换言之，每一个人都能和他人建立一个积极的、充满活力的人际关系。

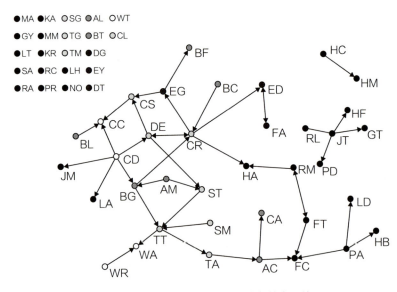

图2-5　负能量传播者之间的信息共享网络

当然，并非所有人都能成为组织中最有影响力的人，或者在一个信息网络中都能位于中心或枢纽的位置。信息和影响力的资源是有限的。另外，并不只是那些身居要职的人可以成为正向领导者，任何人都可以。任何人际关系都可以变得充满活力。因此，正能量是一个非零和博弈。在单一的系统中，它可

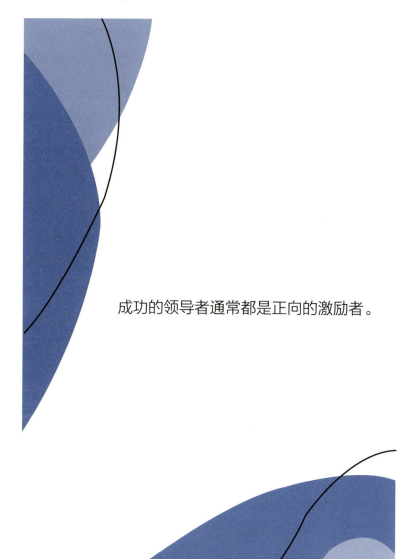

成功的领导者通常都是正向的激励者。

以被无限扩充。

正能量与业绩

文章从三个层面论述了组织内部的正能量。

第一个结论是，正能量传播者比其他人表现得更优秀。这并不奇怪，那些能够鼓舞他人并给他人带来活力的人，通常会比那些没有活力的人表现得更好。不过，我与我的同事韦恩·贝克一起做过一项研究，结果令人惊讶：在预测绩效方面，一个人在正能量网络中的地位要高于在信息或影响力网络中的地位。在计算个人业绩和单位业绩时，能量比信息或影响力重要得多。这个研究结果的意义是，公司里的每一位领导都会经常处理像"你们参加会议了没有？""你们拿到备忘录了吗？""你们明白我们的战略吗？""你们明白我们要达成什么目标吗？"这类信息。同样，管理影响力是领导工作中的重要组成部分："这是激励措施。""这是目标。""为了达到我们的目标，你是否会对压力做出反应？"

但是，有一个很大的问题，领导者是否会像管理信息或影响力那样管理正能量？一个积极的信息传递者是否会得到认同、奖励、录用或晋升？通常情况下，由于人们很少将其看作一种重要的资源，所以，这种情况是不可能发生的。实证研究显示，应当把能量放到第一位，因为它的重要性超过了一般领导所关心的事情。

第二个结论是，正能量传播者会对他们所接触到的人的业绩产生影响。也就是说，正能量传播者会带来更多的业绩，因为其他人在他们面前会表现得更好。向日效应可以帮助我们理解这一现象。当人们受到积极的能量和活力的影响时，就会变得更好。举例来说，在一些职业体育团体中，我们都会发现，球队经常会和那些可能已经过了黄金年龄而又为俱乐部所用的球员签约。在职业体育中，每个人都明白，能够鼓舞球员士气、激发球员斗志的"更衣室老大"对一个团队的胜负有很大帮助，这才是球队获胜的关键。这是因为正能量传播者会对与之互动的人产生影响。

一个典型的例子就是我 2001 年入选美国职业篮球联赛（NBA）的好友肖恩·巴蒂尔（Shane Battier）。巴蒂尔在高中、大学时都是年度最佳球员，2014 年退役前在美国职业篮球联赛（NBA）曾为三支球队效力过。巴蒂尔的个人成绩并不突出，被媒体认为是一个平庸之辈，缺乏一名优秀球员应有的身体素质。但从另一个角度来看，每当巴蒂尔被一支新球队聘用时，那支球队都至少比上一年多赢 20 场比赛，并能打进季后赛。巴蒂尔曾三次打进美国职业篮球联赛总决赛，两次赢得总冠军。一位分析师在回顾巴蒂尔的职业生涯时这样总结道：

只要他在球场上，他的队友们就会表现得更好，而且往往比他的对手要好得多。他也许不能抢到很多篮板球，但是他却拥有帮助队友抢篮板球的魔力。他投篮不多，但是一旦出手，就一定会是最有效率的出手。他也有把球传给处于有利位置的队友的诀窍，而且他很少失误。在防守上，他常常能防住美国职业篮球联赛的最佳射手，并且他还能极大地降低对方的命中率。同时，他在某种程度上提高了队友的防守效率……并且用一些看起来与他个人的利益相冲突的微妙的、无法衡量的方法来帮助球队。

巴蒂尔所做的一切都是为了让自己的队友能够在场上发挥出更好的水平，而这正是正能量传播者会对他人业绩产生影响的最好例证。

第二个重要结论是，高绩效企业比一般企业拥有更多的正能量，往往是普通企业的三倍还多。正能量可以出现在企业中的任何层次上。人人都可以学习展现积极的特质，因为业绩与积极因素密切相关，所以企业也需要正能量。此外，由于正能量并非一种个性特质，而是一组行为特征，所以，在领导力发展议程中，强化正能量的培训应该是重要一环。越来越多的企业发现，这种以注重"激发活力"为核心的发展战略可以为其带来高于平均水平的业绩（第四章讨论正向领导力的发展）。

　　的确，领导者或者个体，可以通过消耗或者削弱其他人来取得短期的成果。一些著名机构里的著名领导者，他们看起来很有成就，却并不能带动身边的人。但长期而言，就像原田敏郎在第一章所说，效率低下、保护行为、能源浪费、减少信息流动、创新水平较低、缺乏心理安全感及防御性能力增强，都会降低正向因素带来的业绩水平。研究表明，正能量很重要，特别是对于领导者。

　　图2-6是一份由我和我的同事对200多名员工所做的一项特别调查。这些员工认为，他们在与所在机构的领导交流时，会有积极的感受。这里采用的是五项量表。

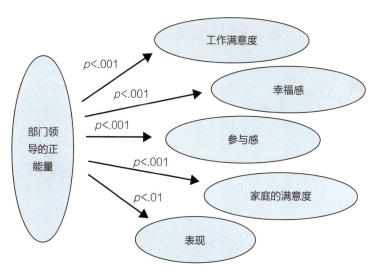

图2-6　正向领导者对员工的影响

如果你有影响力，那么你就是一位领导者。人们会追随那些有影响力的人。

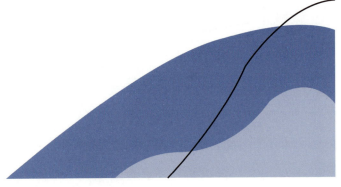

- 在和这个人交流的时候，我觉得很有活力。

- 在和这个人交流后，我觉得工作起来更加有干劲。

- 和这个人在一起时，我感觉更有活力。

- 在我想要"振作起来"时，我会去找这个人。

- 经过与此人沟通，我对工作更加坚持不懈。

研究结果表明，正向领导者对员工工作满意度、幸福感、敬业度和业绩有着显著影响。图中那些用"$p < .001$"标记的箭头表示这种联系偶然发生的概率小于千分之一。也就是说，单位领导所展现的正能量与图中右侧的结果之间有很大的联系。如果他们的领导者传播正能量，员工的工作满意度、幸福感、敬业度和业绩表现都会提高。同时，我们还意外发现，工作中的正向领导力也能显著提高我们的家庭满意度或者说幸福感。正向领导者在工作环境以外的其他方面也具有显著的影响，特别是在员工的家庭中。

另外，在图 2-7 中，我们可以看到，激励型领导者对组织本身业绩的影响。正面领导力不但会对个体产生正面的影响，而且会推动组织整体的绩效、学习倾向、实验与创新，以及凝聚力的明显提升。

鉴于正能量在一个组织中是一种必须管理的重要资源，正面领导也可以通过正面的力量来影响下属的行为和工作绩效。

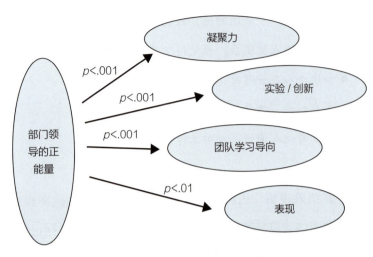

图 2-7 正向领导者对组织的影响

我们提出两个重要的问题：我们怎样在团队或机构里找到正向积极的人？如果要聘用这些人，我们应该注意哪些问题？

发掘正能量

我曾多次受邀协助高管在自己的企业中发掘积极因素。了解哪些人是积极的推动者，哪些人容易受到鼓舞，这个过程对于那些新上任且与下属没有任何交集的管理人员来说是很有用的。我们可以从以下三个方面识别管理团队内部的正能量。

第一种方法，也是最精确的方法，就是要求管理团队中的每个人按照7分制（其中1表示非常缺乏活力，7表示极度活跃）

打分。数据矩阵会产生一个涉及每个人的评级。利用现有的网络地图软件可生成如图 2-2 那样的网络地图。

第二种方法是一个跨国零售业的高管提供的，他希望为其 40 位高管制作一张网络地图。他对这个位置还是一知半解，期待着从他的团队中得到启发。我们以这 40 个人团队中的每个人为其他 39 个人打分作为开端。然而，在他提交申请不到一小时的时间里，就接到了不少队友的电话。他们表示会做出评价，但不会将其公之于众。他们不想让其他队友知道自己是如何给他们打分的。

因为没有办法把两个不记名的人分开，所以无法创造出一张网络地图。因此，我们只好选择二号方案，在高管团队里找出积极因素。

虽然这 40 个人都会给团队中的每一个人打分，但对于整体的领导层和个体的评价仅显示评分为 6 分和 7 分（表明高度活跃的关系）的人数，以及被评为 1 分和 2 分的人数（表示高度不活跃的关系）。评级结果如图 2-8（见 P.056）和图 2-9（见 P.058）所示。

在图 2-8 中，每个气泡代表高层管理团队的一名成员，每个气泡内的数字表示被其他人评价为高度充满活力（6 或 7）的次数。一个人被 25 名团队成员评为具有积极能量，一个人获得 23 次提名，一个人获得 21 次提名。高层团队有一名成员没有被

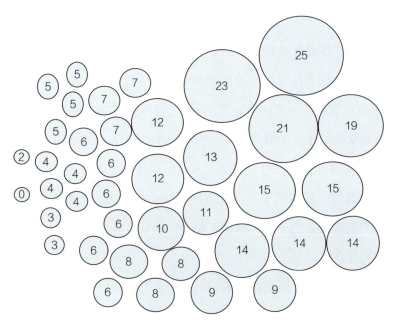

图 2-8　正向领导者气泡图

评为具有正面鼓舞作用的人。在图 2-9 中，团队中没有人认为这 9 名成员对其他成员"产生消极"的影响，但有一名队员获得了 13 个负能量评价，一个人获得了 9 个，还有两个人获得了 8 个。

这些数据以不记名的形式与整个 40 人团队共享，每个人都获得了自己的那份数据。在必要时，组织还会为每位员工安排一次个人辅导，为其讲解评分，并给他们提供个人发展机遇。首席执行官收到了所有数据，包括他们的个人评分。

这种信息对首席执行官来说意义重大，因为他可以更全面、更精确地找出高层团队中的"积极人士"和"消极人士"，并且

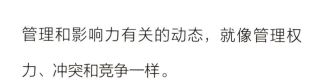

管理和影响力有关的动态，就像管理权力、冲突和竞争一样。

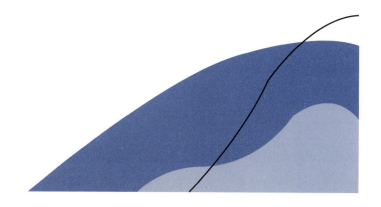

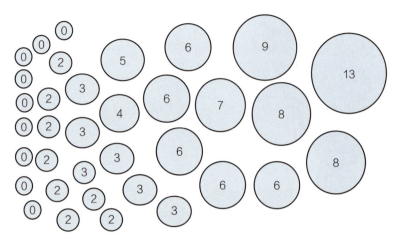

图 2-9　负向领导者气泡图

可以通过利用其经历来增加人脉的密集程度。他有能力调动具有积极性的员工，激发员工协助实施改革方案，并鼓励员工致力于实施策略方案。他也可以识别哪些人对自己的工作有抵触情绪，哪些人得到训练后会在团队中发挥更大的价值（第四章也对基于这类数据所产生的行为影响进行了探讨）。

　　这篇文章提及的另一个办法，就是利用气泡图，找出那些正向自己传递正向能量的人，这个办法可以很容易地在短期内实现。只要让队员们拿出两个最有活力队员的名单就行了，你可以让他们把名字写在纸条上或通过电子邮件发给你。计算各自获得的提名数目。气泡图可以很方便地显示不记名的结果。这样，领导就可以知道哪些人在小组里最活跃，小组内的人也可以知道小组里的能量关系网是怎样的。该系统的实时采集时间不超过 10 分钟。

第三种方法就是做一个脉搏调查。有些首席执行官每周都会向员工发送一封电子邮件，问他们：如果按从 1 到 10 的等级来评价，你今天的能量如何？如果上一次东京办公室的平均数是 9.3，而这一次只有 7.8，首席执行官就会亲自出面分析问题，从而提高小组的士气。每周都会通过一个提问题的电子邮件对员工的能量进行监测，这样就可以查看团队整体的精力状况。

聘用正能量者

当我们想要给自己的队伍和机构引入更多积极正向的员工时，我们应当关注哪些方面？要找到这样的人才，我们应该提出什么样的问题呢？我们可以从身边事例中找到答案。

近十年来，密歇根大学管理和组织学院已经成为全球最好的管理学院之一。排名的主要依据之一是聘用教师的水准。三条准则决定了评选的进程。

第一条准则，应聘者应该是一位世界级的学术权威，其所从事的研究对该学科具有重要的学术价值。这一点不足为奇，毕竟对于科研院校来说，提供科研经费是至关重要的。谁不想取得世界一流的学术成就呢？

第二条准则就是应聘者一定要是一位好教师。教师要通过所教课程及所采用的方法，来改变学生的人生。这样的要求并不稀奇。全球顶尖的高校正在物色优秀的候选人，无论是在教学方面还是在科研方面，他们都是佼佼者。

第三条准则是部门的差异化。候选人必须是纯正能量者。这意味着，与他们挑选的人相比，候选者向系统注入了更多的正能量。虽然每个人都不可能永远是正能量的推动者，但是这样的推动者一定会对别人产生正面的影响。这就会剔除那些自命不凡、心浮气躁的人，那些只顾着自己和沽名钓誉的人，还有不愿意为同伴付出的人。结果是，在这 15 年里，系里的每位教师都对其他 15 名同事给予了真心支持。在日常生活中，每位教师都会主动地去帮助其他员工。在大多数情况下，每位教职成员都会受到其他同事积极、正面的鼓励。

当然，还有一个问题，那就是怎样寻找合适的人选并雇佣这些正能量人才。我们怎样才能发现一个正能量候选人？我们如何在不了解对方的情况下做出判断？

一种方法是与候选人进行面谈，通过面试中的具体问题来发现候选人积极的特质。以下是我经常举的一个例子，它来自 G&W Laboratories[①] 组织发展副总裁兼首席发展官劳拉·奎因

---

① G&W Laboratories 成立于 1918 年，总部位于美国新泽西州，是一家领先的制药公司。——译者注

（Laura Queen）。这个例子说明了识别具有正向激励候选人所采用的方法。下面这些问题是经过筛选的，表明了如何识别具有积极正向的候选人。

- 介绍一个你非常喜欢的角色。

  谈谈你为什么喜欢它。你有何收获？

- 介绍一下你曾经工作过并且热爱过的机构。你为什么喜欢这个机构？你有何收获？

- 描述一个项目、一次工作经验，或者一项挑战，以证明你工作出色。请对当前形势和面临的困难进行描述。你取得成功的动力是什么？你获得了什么经验？假如你能从头再来，你会怎么做？

- 描述一下你参加过的最佳领导者或管理层队伍。这支队伍有何特殊之处？你有何收获？

- 请介绍一下你曾经与之共事或为之工作过的优秀领导。是什么让这位领导者如此特别？你从这个人身上学到了什么？这位领导送给你过什么礼物吗，让你把它当作宝贝一样保存到现在？

- 描述一个同事或员工在你的帮助下取得成就或获得发展的情况。你怎样让他最大限度地发挥自己的潜力？你有何收获？

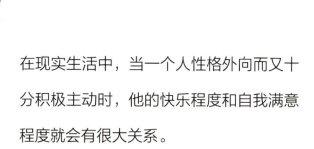

在现实生活中，当一个人性格外向而又十分积极主动时，他的快乐程度和自我满意程度就会有很大关系。

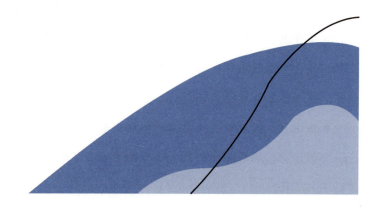

● 描述一个你达到巅峰表现、处于最佳状态或离经叛道的
时刻。你做了什么？你有何收获？

对于很多人来说，这是一些难以回答的问题。他们从来没
有喜欢过什么组织，也没有喜欢过什么角色。他们从来没有发
挥出最好的水平。他们从来没有帮助过任何其他人蓬勃发展和
充分发挥自己的最大潜能。他们从未学习过与积极的突出表现
和积极的激励体验相关的课程。他们从来都不是影响同事生活
的正能量传播者。这些问题有助于识别体验过正能量并向他人
展示正能量的个人。

多元化、公平性和包容性

当然，在当前人们对多元化、公平性和包容性的关注下，
一些人也许会觉得它们并不重要。集体诉讼、抵制、内乱和失
业让人们增加了对上述问题的关注，所以有些人可能会把注意
力集中在美德和正面关系产生的能量上，这跟他们当下所关心
的事情没有任何关系。指责不公、特权、无意识偏见及有组织
的种族歧视，正在得到应有的关注。然而，对于一个机构或者
一个职业的热爱，发挥个人的最大潜能，或者助他人成功等问
题，似乎都被认为是无关紧要的。

在改善多元化、公平性和包容性方面，我们采取了至少三种方法。一种常见的回应是，将这一问题视为与人口统计学有关。之所以如此，是因为需要保证各群体的代表在职位上有地位、有资格并享有其权利。这些群体通常是根据种族、肤色、性别、个人喜好和是否残疾等来定义的。一般采用正式或非正式的配额制，以确保各部门在人员结构上的多元化和包容性。

这一方法的一个重要好处是，能确保过去未被充分代表的群体获得更多的经济和社会发展，并为因其人口特征而可能处于劣势的群体敞开了机遇之门。此外，在多人的小组协作中，多人的协作能够增进彼此的理解和同情并提高创造力。

对多元化、公平性和包容性等议题的另一个普遍反应是，开展敏感性训练或意识提升教育。让人们认识到自己潜移默化的偏爱及弱势群体面临的障碍，有助于人们对弱者有更多的理解和同情，从而推动人们在政策与行动上做出转变。这种训练的好处是使人们更好地了解制度上的偏差，对其他个体或团体的伤害，以及妨碍他们发展的问题。这些培训课程也能使人们更加团结、更加紧密。

这两种方式都存在一个共同的问题，即它们通常无法获得预期的结果。一项对829家企业进行了长达30多年研究的结果表明，上述两种方式不仅没有改善现状，反而让事情变得更糟糕。仅仅是把群众集中到一起，或者让他们参加宣传，并不能保证他们的行为会得到改变，也不能保证他们会摆脱根深蒂固的、系统性的偏见。人们普遍认为，建立人口统计配额和指出冒犯行为，不利于实现真正的多元化、公平性和包容性。

第三种方法侧重展示积极、有活力的领导力，尤其是展示良好的德行。当一个人对别人表现出慷慨、同情、感激、值得信赖、宽恕和友善时，他就会受到正面的鼓舞，重新振作起来。德行是向日效应的。善行会产生积极的关系能量，从而提高建立公平、真实和支持的关系的可能性。根据定义，德行就是一种动机，不需要认可、奖励或回报。德行是真实的，并表现了它们自身的内在价值，因此，德行的接受者不会感到被操纵或被利用，公正、真实、支持的关系就得到了加强。

而这第三条则是为了让每个人都能够更好地挖掘自己的潜力，帮助别人发挥出他们的最大潜能。招聘决策的重点应侧重个体能否做到最好，以及帮助其他员工实现他们的潜力，而不应过分关注人口统计学方面的因素。德行指的是人们渴望发挥自己的潜力。所以，如果一位领导者有了好的行为，并且期待其他人也有好的行为，那么，其他人就会变得更有活力，拥有更多的梦想、更多的学习、更多的付出，让自己变得更好。这样做可以减少种族歧视、不公平和制度上的歧视，让我们更关注人性中最好的一面，帮助每一个人实现自己的至高理想。因此，一个充满正能量、有活力的领导层对于吸纳同样充满正能量、有活力的员工，以及创建一个多元化、平等和包容的企业文化非常重要。

结论

大量事实证明，积极、主动的领导方式可以提高公司的绩效。即使在某些行业中，人们一般不会采取与基础绩效无关的行动，但是正向领导力仍然可以对绩效产生显著的正面作用。事实上，一个领导者在工作中所展现出的正面情绪，远比他所拥有的信息、影响力要重要得多，对他的工作表现也会有更大的影响。

总而言之，任何人都可以学习正向领导力的特质。也就是说，每个人都具有成为积极领导者的潜力。在接下来的章节中，我们将讨论正向领导所具备的特征和行为，及其对企业绩效的影响。

第三章

正向领导者的特质

已有研究表明，正向领导对企业绩效、员工表现起着至关重要的作用。正能量不仅仅是一种人格维度上的特征，一个内在特质，并且还是一种人人都能学会并养成的习惯。于是，一些问题就自然而然地产生了：要想做一名充满活力的领导者，你该怎么做呢？正能量的特性有哪些？在一家企业中，谁是正能量传播者？

在本章，我们将着重探讨正向领导者所具有的基本特征，以提供一些更重要的实证证据，表明正向领导力如何影响公司的业绩。同时，本章还探讨了在企业中培养积极领导力的方法与实践。

正向领导者的特质

关于正向领导力，有一个很不错的定义，可以用美国第六任总统约翰·昆西·亚当斯的一句话概括：

如果你的行动能激发别人去梦想、去学习、去做事、去成长，那么你就是一位有进取心的领导者。

一个正向领导者并不是一个自大、总爱出风头的支配者。他们未必是当家做主的人，也不一定都喜欢身先士卒。他们不必外向也不必勇敢，他们通过接触交往的人逐步成长、进步和发展。他们散发出一种鼓舞人心的光芒，从而帮助他人成为最好的自己。

为了更好地理解领导者是怎样将亚当斯的观点贯彻到行动中去的，我们访问了数以百计的具有正向领导力的领导者，同时也访问了其他一些人，以获得他们对正向领导者的观点。我们提出的主要问题有：正向型领导具有什么特质？怎样才能提高正向领导力？

访谈可以总结出一系列特征，这些特征足以让积极主动的领导者脱颖而出。表3-1列出了在访谈中展示的正向领导者所具备的最常见特质。这份清单并不完整，在一些企业里，行之有效的方法会随着具体的情况和企业文化的不同而有所变化。其他的特质也可能在特殊的情况下或在不同的文化中发挥作用。但是，这份列表所涵盖的特质范围已经很广了，足以引导我们去培养更加积极主动的正向领导力。在访谈过程中，没有哪一项被提到最多，因此，没有一个因素比其他因素更重要。这些数据仅供参考，并不代表其先后次序。这几个是最常见的特征。

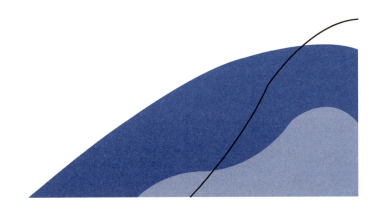

一个有内在动机的人，只是为了实现自己的目标而努力工作。人在外在动机的驱使下，为获得他人的认可和回报而努力。

表 3-1　正向领导者的特质

正面特质	负面特质
1. 在不期待任何回报的情况下，去帮助别人成长	1. 确保自己获得好处
2. 表达感激和谦逊	2. 自私自利，不接受任何意见
3. 向他人灌输信心和自我效能	3. 不给他人创造被认可的机会
4. 经常微笑	4. 情绪低落，不苟言笑
5. 原谅别人的缺点	5. 让别人感到内疚或羞愧
6. 投资发展人际关系	6. 不在人际关系上做任何投资
7. 与别人一起做有意义的工作，并给予肯定	7. 把最好的留给自己
8. 积极地、有同理心地倾听	8. 主导谈话并坚持自己的想法
9. 解决问题	9. 制造问题
10. 最重要的是看见机遇	10. 看到的主要是障碍，大部分都是批评家
11. 阐明意义并激励他人	11. 冷漠、无动于衷
12. 信任他人并值得信赖	12. 持怀疑态度且缺乏诚信
13. 真实、真诚	13. 既肤浅又虚伪
14. 鼓励其他员工超过平均业绩水平	14. 安于平庸或"足够好"的现状
15. 调动可以激励他人的正能量者	15. 忽略那些热心提供帮助的激励者

　　对这些特点进行简单的说明，可以帮助我们认识他们在产生积极领导力中的重要作用。在与他人互动时，正向领导者往往会表现出以下特征：

（1）帮助其他人成长而不期望回报。正能量不是交换关系，没有预期或假设的交流。那些有进取心的人，他们会无私地把自己奉献给别人，而不是为了期待别人的赏识和回报。比如，他们可以匿名给那些有困难的员工提供帮助，也可以在不期望得到承认或认可的情况下为他们提供辅导和指导。

（2）表达感激和谦逊。他们能看到别人的付出，并且常常及时地表示感谢。在公众场合向别人表示感激，承认他们的付出，这通常都是一种谦逊的表现。比如，他们可以给自己的同事或者员工的家庭寄去感谢卡。

（3）向他人灌输信心和自我效能。他们可以让他人觉得自己有价值，有能力，有天赋，而且能够获得成功。他人也会觉得自己受到重视。比如，他们会承认和强调其他人的天赋和能力，会在他人犯错的时候给予帮助。

（4）经常微笑。要做到这一点非常简单，这也是这些积极的推动者所具有的最鲜明的特征。在安静的时候，许多人看起来很生气、很悲伤，所以正能量者常常通过他们的面部表情传达积极的情绪。例如，他们与别人打招呼时，就会和别人有目光接触，脸上往往会有愉快的表情。

（5）原谅缺点。他们把犯错看作一次教训。他们不会负面地评价他人，也不会给他人带来罪恶感，而是会帮助他人改正自己的错误。例如，他们可能会指出他人错误或失败中积极的一面，并在让别人不尴尬的场合找到改进的方法。

（6）有了解他人工作以外情况的兴趣。他们对整个人表现出兴趣，而不只是单纯的工作职责。堪萨斯大学的一项研究发现，从普通人到"熟悉"的朋友大约需要50个小时的社交，到成为"真正"的朋友还需要40个小时，到成为"亲密"的朋友总共需要200个小时。积极型领导者需要花一些时间来适应，了解员工在工作之外生活的重要方面，并将员工个人视为一个整体，而不只是一个头衔或职能。例如，他们可能会在笔记本上记录员工个人的家庭成员和重要的个人事件或家庭事件。

（7）和他人合作，做出有价值的事情，并对之表示肯定。他们想办法让其他人参与进来，并帮助他们找到一条成功之路，一条获得认可之路。他们很乐意让大家看到他们作为领导者的样子。例如，他们可能会帮助其他人获得发展，并且当众肯定别人的付出和成就。

（8）积极地、有同理心地倾听。他们不会马上就给别人忠告，相反，他们会认真地去了解别人，询问问题，并且把自己的全部注意力都放在别人身上。他们希望和别人进行一次坦率而真诚的交流。比如，他们也许会显得很低调，乐于倾听，对员工遇到的私人问题很敏感，对员工遭受的伤害和痛苦有同情心。

（9）解决问题而不是制造问题。他们倾向比别人先处理好问题。他们能预见别人的需求，在别人提出要求前就做出反应。举例来说，他们会在他人申诉前先给予帮助，提供可能需要但未被提出诉求的资源，或就将来发生的事情给出专业的意见和建议。他们对产生的结果负责。

（10）最重要的是看到机会而非挑战。他们趋向在现实中找到一种平衡的乐观主义。他们不会被困在一个问题里，而是会寻找一条继续前行的路。他们对未来抱有信心。例如，他们用"好吧，接下来"而不是"好吧，可是"来应对挑战和困难。

（11）阐明意义并激励他人。他们说出了他们领导的行动的深层目的，这样其他人就能理解这些目的的重要性。他们提升了别人的认识。例如，他们可以帮助他人了解成功完成一项任务的重要性，以及该任务对他人的影响。

（12）信任他人并值得信赖。其他人则认为他们是真诚、真实和可靠的。他们将信心看得比什么都重要。他们会信守诺言，即便要为此付出一些代价。比如，在他们做出决策的时候，会信任别人，表现出善意，而且会把自己的名誉置于合法契约之上。

（13）真实、真诚。积极不是一种行为、技巧或策略。正能量者力求在价值观和行为上保持一致。他们很乐意和别人分享他们脆弱的一面，以展示对他们来说重要的东西。比如，他们

相对于影响力、信息等其他刺激因素，能

量对员工和企业业绩的影响更为有效。

会很乐意去认识到并且理性地去面对自己遇到的困难和失误，从而使自己处于一个脆弱的位置。

（14）鼓励其他员工超过平均业绩水平。他们能超出别人的预期。他们激励他人积极地超常表现，去发挥他们最大的潜能。只有通过良好地发挥潜能才能获得胜利。他们认识到，仅仅依靠良好的表现往往很难取得成功，而需要出色的表现才行。比如，他们鼓舞别人去实现他们所能想到的目标，去挖掘他们所不知道的潜能。

（15）调动可以激励他人的正能量者。他们会寻求具有正面动机的人，来帮助他们周围的人。他们利用积极的力量来推动并完善，达到目标。比如，他们能够找出对公司产生正面影响的人，然后激励他们实现自己期望的结果和变化。

当然，并非每一位积极正向的领导者都具备上述特性，而且他们也并非没有负面特征。但是，很明显，消极的行动会削弱积极的能量，从而使领导和下属之间互动效率下降。其中大部分特征都可以从那些拥有正能量的个体中发现，并且这份清单也不罕见。虽然大部分人都不具备这些特征，但几乎每个人都有可能发展这些特征，然后再培育出具有积极领导能力的特性。

重要的一点是，积极的能量能够被发掘出来并且与大家共享。除此之外，调查还明确显示：一个企业在领导者表现出这些特征的时候，会变得更加繁荣，更加有活力。

实证证据

我对正能量传播者的这些特征所做的研究也证实了最后一种说法。这项研究涉及 600 名中层和高层管理人员，涵盖了政府、金融、建筑、教育、艺术和娱乐等各个领域。在资料 1 中有一份调查工具的副本。受访者根据正面领导的 15 个特质，对其机构中的领导者进行评分。他们也为组织绩效提供了 5 个方面的数据：生产力（目的和目标达成程度；达到预期结果）、质量（无错误和错误；准时或提前完成）、员工士气（满意度高且敬业的员工；低流动率）、客户满意度（忠诚的客户；很少有投诉）和财务实力（收入很高；入不敷出）。

研究发现，当员工的动机属性得分较高时，其在上述 5 种成就上的表现也较高（见资料 1）。尤其是，特别强大的预测能力与表 3–1 中编号为 11~15 的特征相关联。也就是说，具有启发性和创造价值、信任他人和值得信赖、真诚和真实、有很高的业绩标准、能凝聚起可以激发别人正能量的积极型领导，能对企业的效能带来最深刻的影响。研究结果表明，虽然所有的正面领导特征都具有相当的重要性与可预见性，但是这 5 个特征对于一家公司的成败而言，确实是一个强有力的预测性指标。另外，正向领导在工作效率、员工士气及顾客满意度等方面的作用最为显著。虽然在统计学上有显著意义，但这些机构之间的质量与财政力量之间的相关性较弱。这个结果在图 3-1 中有所概述。

这一研究结果强调了正向领导力并非必须表现出"超人"的品质。他们就是那种我们都很欣赏的人：能够鼓舞别人，表现出正直与诚恳。他们希望我们越做越好。他们通过和他人合作来达到期望的效果。因此，由他们领导的公司表现远远高于业界的平均水平。

关系、德行和能量

企业中与正面成果有关的特质，同时也与正面关系有关。有了这些特质，人际关系就会变得更加活跃，更有生命力。但是我们也必须认识到，良好的人际关系可能是比较短暂的，可能与收银员、前台或者和路人短暂地交流，也可能是和那些与我们相处很长时间的人长时间交流。短期和长期的关系都很重要，即使是一次性的、短暂的互动，也可能带来正向能量或负面能量。

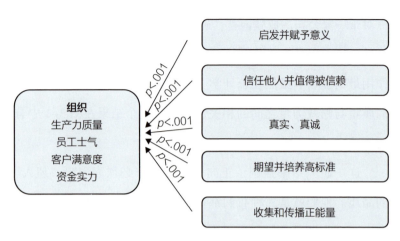

图 3-1　激励属性与组织业绩之间的关联性

　　许多学术和流行的文学作品都描述了丰富的正向关系的特点，我的同事简·达顿（Jane Dutton）、韦恩·贝克、格雷琴·斯普雷泽（Gretchen Spreitzer）和乔迪·吉特尔（Jody Gittell）及关系协调网络完成了非常出色的工作。他们的研究内容包括高质量的联系（即时互动）、频繁的互动、持久的联系和关系协调（为了完成任务而进行的相互加强的交流和联系过程）。这些学者的研究成果对我们理解关系有很大的帮助，建议你在本书结尾处阅读他们的研究著作。

　　总之，该研究显示，积极的人际关系能在身体、精神、情绪和组织上产生超乎寻常的效果。例如，社会关联的正面效应与诸如职业流动、指导、资源获取、权力和社会资本等社会现象相关联。调查也显示，正面的社会交往对人的寿命及疾病的

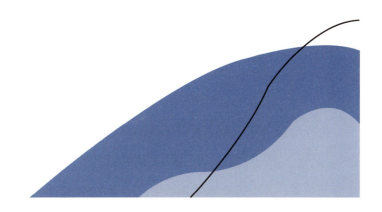

正面领导力不但会对个体产生正面的影响，更会使整体的绩效、学习倾向、实验与创新，以及凝聚力产生明显的提升。

恢复有显著的作用。这就是说，正面的社会关联——人与人之间的互动，对人们的行为和健康有很大的好处。

本节通过关注在领导力研究中得到较少关注的一系列特征和行为，来补充这些同事的工作。主要是补充一些如何建立和培养积极激励关系的文献。

图 3-2 归纳出了一系列对于形成正向领导力非常关键，但是目前研究领导力与企业业绩关系较少涉及的一些行为因素。具体来说，这个讨论显示了一个良好的行为可以让人际关系变得更加融洽，从而产生更多的正能量。结果表明，我们从访谈中找到的很多积极动机的特征都和我们已知的所谓"德行"相吻合。

图 3-2　良好的行为因素

德行

德行的概念源于拉丁语 virtus 或希腊语 arête，意思是"卓越"。最近，德行被描述为代表人类最好的状态、人类最崇高的行为和结果、人类的卓越性和本质，以及人类的最高抱负。托马斯·阿奎纳①(Thomas Aquinas)、亚里士多德(Aristotle)②等许多著名哲学家都提出,德行植根于人的性情中,体现了人的本性、内在的善、最好的素质或与神的旨意完美一致。德行——人的至高追求,在一切文化中都被公认为是一种准则。尽管道德行为的本质在不同的文化中是不同的,但人们普遍认为德行对所有人都有好处。它是一个稳定的、共同遵守的标准,特别是在乌卡时代。

因此,无论是在遗传还是在生物学层面,都可以说,正是德行在人身上的生长与延续,德行才会被人重视、崇拜、效仿,而有德之人,才会被人尊敬、效仿、奉为圣贤。他们帮助人类继续生存下去。米勒(Miller)注意到,人们在道德品质上有一种有选择的基因倾向。他说,甚至对配偶的选择,也至少在一定程度上,是建立在品行的基础上。

这解释了为什么德行和向日效应如此密切相关。德行赋予生命并使生命延续,正如第一章对"向日效应"所下的定义一

---

① 托马斯·阿奎纳(约 1225—1274),中世纪经院哲学的哲学家、神学家。他把理性引进神学,用"自然法则"来论证"君权神授",是自然神学最早的提倡者之一,也是托马斯哲学学派的创立者,成为天主教长期以来研究哲学的重要根据。——译者注

② 亚里士多德(公元前 384—前 322),古希腊先哲,世界古代史上伟大的哲学家、科学家和教育家之一,堪称希腊哲学的集大成者。他是柏拉图的学生,亚历山大的老师。——译者注

样。人有一种本能的趋向，就是倾向靠近给予生命、赋予生命的事物，而德行也是"向日效应"。

一些学者提供的证据表明：人类对美德的倾向是与生俱来的，是一种不断演化和发展的过程。例如，一些人提出，内在的美德在语言发展之前就在大脑中发展起来了。神经生物学的研究显示，个体有一种基本的道德直觉，而且是一种有机体的德行。有一项研究曾断言，所有的人都"天生倾向"善良的行为，而对善行的观察和经历能帮助人们更好地去实践对别人有利的事情。

比如，有研究显示，即使在儿童还没有学会如何表现得举止得体的时候，他们就已经表现了公平、慷慨、同情心等倾向。在木偶实验中，三个月大的宝宝显示了良好的道德品质。如果让孩子在乐于助人、善良的木偶和不爱帮助他人、妨碍他人的木偶之间做出选择，大多数孩子都会倾向选择那些乐于助人的、慷慨的、好心的木偶。

另有研究表明，10个月大的孩子在有选择的条件下，会在如慷慨、无私、公平、合作等方面有很好的表现。在此项调查中，儿童比他们更理智的家长显示出更多与生俱来的慷慨。

另外一份调查是对19个月大的孩子进行的，这个年龄段的孩子如果不能得到自己想要的，他们就很可能会发脾气，甚至动手打人。大部分的孩子都很大方，甚至在他们处于劣势的时候也是如此。比如，大部分没有吃午饭、感觉非常饥饿的小孩，都会将自己的点心送给另一个想要吃的人。

另外一项研究还表明，德行对于心跳节奏和身体协调都有益处，从而能够预测人的寿命。当一个人品行端正时，心率波动会较平稳，且具有可预测性。另外，在我的早期著作《正向领导力》（Positive Leadership）一书中，我写过许多与德行有关的积极生理学效应，如创伤愈合、皮质醇水平变化、经受的疼痛减轻和多动症儿童的大脑活动变化。

德行的另一面

虽然德行是向日性的，但人类的共同经验和科学证据也都表明，人们会对消极的体验产生强烈的反应。2001 年的一份权威和全面的综述，对我们如今称为"负面人性偏见"的现象进行了描述。鲍迈斯特（Baumeister）和他的同事们在这个具有艺术性的题目下解释了他们在这篇文章中得出的结论："恶优于善。"他们在综述中还认为，比起正面的现象，或者对其生存构成威胁的刺激，人们会对负面的现象做出更多的反应。与同一种类的积极事件相比，消极事件的影响力要大得多（例如，失去朋友或金钱比赢得朋友或金钱有更大的影响；它带来的负面情绪会随着时间的推移而消失；需要更少的信息来确认他人的

善行会产生积极的关系能量，从而提高建
立公平、真实和支持性关系的概率。

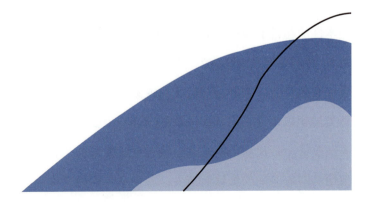

负面特征；与好的关系相比，人们更愿意花更多的时间在坏的关系上）。这就产生了一个疑问，假如"恶优于善"，那么善良和正能量怎么可能是向日的呢？

在三个对照实验中，王（Wang）、加林斯基（Galinsky）和莫尼根（Murnighan）等人发现，倾向负面因素会显著地影响人们的情感和心理反应，而对于正面因素的偏向会显著地影响人们的行为。这些作者得出结论："坏事比好事更能影响评价，但好事比坏事更能影响行为。"换句话说，不好的事情发生时，人们的情感会深受影响；而好的事情发生时，人们的行动会深受影响。负能量让我们感觉很糟糕，正能量帮助我们采取积极行动。

换句话说，人类经验中存在悖论。人类同时存在积极倾向和消极敏感性，两者都是积极结果的潜在推动因素。有些伟大的胜利、崇高的德行，以及巨大的成就，都是从"消极"中产生的。另外，人在面临危险、威胁、伤害的时候，求生的本能又会使人将注意力集中在消极的一面。为了生存，短期内坏的会优先于好的，负能量会比正能量受到更多关注。在这种情况下，人们会试着轻描淡写或者忽略正面的现象。他们倾向给任何积极的东西贴上负面的标签，比如过于敏感、柔软和无关紧要。他们学着忽视了自己对正面力量的天然偏爱，以及对美好事物的善行。

在危急情况下，人们倾向克服消极情绪的强大冲击，我们需要关注积极的人际关系和积极的行动。消极情绪可能占据主导，因此，我们必须尽力去寻找那些能给我们生活带来正能量的德行。德行是人类经验的核心（它是向日性的），但很容易在出现短期危机时被忽略。

结论

实证经验表明，德行是向日性的，因为人类天生就倾向善良的行为；良好的行为是建立牢固、繁荣关系的关键因素；这些关系能带来积极的结果。但是，在谈到这个问题时，有一点必须要提出来。

德行，顾名思义，因其本身的价值而受到重视。德行并不是为了达到其他更目的而存在的，而是作为一种有价值的目的本身而存在的。事实上，根据定义，为了达到某种目的而去实践的德行已经不能再称之为德行了。知恩图报、慷慨大方、诚实待人，从而寻求回报，这些都算不上德行。如果对员工好是出于某种目的，比如，加入一个公司只是为了得到奖励或者好处，这就不叫好意了，而叫手段。德行关系到社会进步，但这种进步并不限于个人利益。德行所带来的社会价值，超越行为者的功利欲望。德行除了为行为者带来认可、利益或优势，甚至还能带来排他性的优势。

　　了解正向领导者的特质，并了解展示德行会产生积极能量后，我们不禁要问：究竟怎样才能提升正面的、有活力的领导力？我们能做些什么？可以开设哪些培训课程？

　　在下一章，我会给大家一些关于如何发展正向领导力的具体建议。当然，这些建议只是发展领导力的一种尝试，但事实证明，这些行为有助于培养德行，以及建立积极的人际关系。

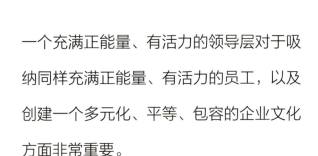

一个充满正能量、有活力的领导层对于吸纳同样充满正能量、有活力的员工，以及创建一个多元化、平等、包容的企业文化方面非常重要。

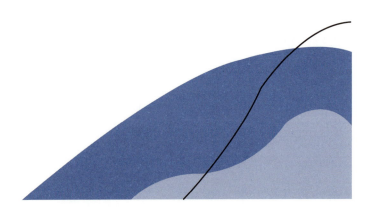

第四章

培养积极向上的领导力

　　上一章指出，德行是向日性的，德行甚至在婴儿早期就已显现，德行能产生正面的人际关系能量，而德行会为组织带来正面的结果。不过，这里有个问题：我们如何通过培养更多的德行来让一个人成为更有效的正向领导者？什么行为应该被重视？这一章集中讨论了几种德行，而这些德行在有关领导和组织的研究中并没有得到足够的重视。这些德行与个人和组织的成功息息相关，正如第三章中提到的那样，它们也并不要求任何附加的利益来证实它的价值。德行本身就是一种回报。

　　学术和实用文献对如何让员工感到工作有价值、受到尊重，并且对工作有贡献这一问题给予了极大的关注。不计其数的博客、研讨会、咨询报告，以及受欢迎的媒体报道，都对员工的需求给予了重视。当人们得到认同、支持和鼓励时，他们会感觉到自己的身心需求被满足，在工作中有了安全感，自己的意见得到了上级的重视，会感觉到快乐、变得积极。许多实践表明，一旦这些条件得到满足，员工的缺勤率就会降低，企业的生产效率也会提高，赢利能力随之增加，产品的质量也会随之提高。满足员工的需求是取得成功的重要因素。

　　实证研究也证明，个人与他人之间的相互帮助，能够带来更多正面的人际关系能量。在说明交往的正面效果方面，人们付出的东西比从交往中获得的东西更重要。举例来说，人们已经发现，利他主义、同情、慷慨、感恩、诚实、善良，这些都是维持良好关系所必需的，这些都会给人们带来正面的影响，从而提高工作效率。

慷慨、利他主义和贡献的美德

我的同事珍妮·克罗克（Jenny Crocker）做了一项研究，研究要求大学新生确定他们这一学期的目标。目标可以分为两类：成绩获得性目标（例如，获得高分、高人气、入选社团组织等）和贡献性目标（例如，做出改变、改善某些事情）。参与者被分成了两个小组，这取决于他们所追求的目标是什么。这项调查对这些学生进行了长达一年的追踪，并对他们的社会因素进行了评估，包括他们与舍友的关系，是否能进入俱乐部办公室等；身体因素包括他们是否有过身体上的小毛病，比如感冒的次数、生病的次数、旷课的时间等；认知因素包括他们的平均成绩、考试分数等。截至本书写作，一项调查显示，在社会、生理和认知等各个维度，贡献性目标，或者说对他人做出贡献的重视程度，都超过了对成绩性目标的预测。

一项对肾透析患者的研究证实，贡献比获得更重要。在此

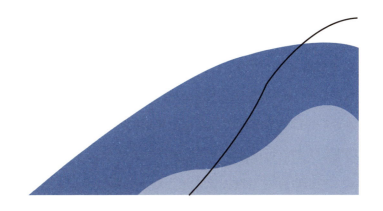

你的行动能鼓舞别人去梦想、去学习、去做事、去成长，你就是一位积极向上的领导者。

项研究中，肾病患者的测量依据有两个方面：一是他们从他人那里获得到了多少关爱、支持和关怀；二是他们贡献给了别人多少关爱、支持和关怀。虽然患者的活动受限于生理条件（与血液透析设备相连），但是研究表明，后者比前者更能预测身体恢复程度和健康状况。贡献率较高的患者病情较好。

对多发性硬化症患者所做的相似的研究表明，贡献对治愈和恢复健康都有帮助。在一个案例中，半数的患者每个星期都要接受他人的来电，并接受他人的关爱、支持和关怀；而另外一半的患者则被要求每个星期都要去拜访一个人，表达他们的关爱、支持和关怀。在两年期结束时，患者接受 5 项评估：幸福感、自我效能、身体活动、希望度和抑郁度。在这两组之间观察到有 8 倍的差异。就上述 5 项指标来看，打电话的患者比没打电话的患者身体状况好 8 倍。

在另一项研究中，对老年高血压患者进行了为期三周的测试，他们每周获得 40 美元。一半人被要求将钱花在自己身上，另一半人被要求将钱花在其他人身上（例如，购买礼物、捐赠给慈善机构）。两年后，那些将钱花在别人身上的患者的血压明显低于将钱花在自己身上的患者，其效果与抗高血压药物或体育锻炼的效果相匹配。在一个相似的研究中，对于老人来说，帮助别人的人可以减少 47% 的死亡危险。

一份以针对新近丧偶人士为对象的调查显示，给予别人辅助支持的人，在丧偶半年后并未感到沮丧，相反，只得到支持却不提供支持的人，却表现出强烈且持续的沮丧情绪。获取支持与抑郁症之间的相关性不明显，但给予支持与抑郁症之间显著相关。在对营利性公司的调查中，那些愿意给予同事帮助，而非获取帮助的人，对企业的忠诚度和亲社会的行为都有很大的提高和增加。贡献而非获取，是一个重要的推动因素。

下面总结了一些经实证证实的慷慨、利他主义和贡献的影响。重点在于，比起从我们那里得到所需要的，或者满足我们自身所需要的，正面的人际关系能量与那些美德之间的关联更加密切。在人际关系中，获取与奉献固然很重要，然而，真正影响我们快乐与积极的，不在于我们获得了什么，而在于我们怎样去帮助他人。当个人表现出慷慨和利他主义并为他人的福祉做出贡献时，积极的关系能量会显著增强。

慷慨、利他主义和贡献的一些影响

- 促进积极的人际关系能量

- 改善社交、认知和身体状况

- 被他人评价为更有能力

- 改善个人幸福感、身体活动、自我效能和抑郁

- 降低血压

- 降低死亡风险
- 避免重大损失后出现抑郁
- 增加对用人单位的忠诚度和参与度
- 倾向更多的亲社会行为

感恩、认可和谦逊的美德

另外一组与正向激励关系有关的德行与表达感激，认可他人的优点和成就有关。据我的同事，同时也是全球重量级的感恩科学权威鲍勃·埃蒙斯（Bob Emmons）的说法，表达感激之情的同时也表现出了谦逊，这两种德行都是对他人实力和功绩的认可和欣赏，但都不会将自己的位置置于他人之上。与上述的慷慨、无私和奉献的德行相似，感恩、认可和谦逊的美德也是向日性的。这就是说，人们有一种天然的倾向，就是要将这些美德表现出来。

已经有大量针对感恩与由此产生的心律和心脏健康之间关系的研究。例如，伯尼（Bonnie）和德瓦尔（deWaal）总结了一系列关于灵长类动物和幼儿感恩的研究。他们得出的结论是，感恩是人类固有的；不仅在人类身上，在猴子等灵长类动物身上也有进化基础。他们还发现，在所有文化和民族中，感恩是普遍存在的。

人们还认识到，感恩与人类健康、幸福及死亡率的关系。比如，感恩、谦逊等积极情感可以提高认知能力，提高心律的有序性和一致性，促进毛细血管与组织间的血液交换，提高过滤和吸收效率，提高健康水平、延长寿命，提高认知灵活性和创造性，降低心率变异性。在一项针对 B 期心力衰竭[①]患者的研究中，一半的人被要求每天写感恩日记。三个月后，研究人员发现，与那些没有记感恩日记的患者相比，他们的心脏有更健康的静息率，心脏病加重的生理征兆也显著减少。

还有一些实验是在中学和大学的班级中进行的。其中半数学生被要求把自己一天里最感恩的事和最幸福的事都写下来，另一半学生则记录下他们所经历的事情、交流和问题。在期末时，写感恩节日记的学生，头痛、感冒等生理反应明显减少；对自己的生活感到满意；对未来持乐观态度；更加机敏、专注、有决心、充满活力；生活中不会有太多烦恼；给予别人更多帮助；睡得更好；他们觉得自己和他人的关系比别人更好。另外，学生旷课、上课迟到的情况较少，学习成绩也较好。让孩子们感受到感激之情，对他们在课堂上的表现和个人的生活，都会

———————

① 心力衰竭是指心脏功能降低，简称心衰。心衰分为 A 期、B 期、C 期和 D 期四个时期。B 期无症状，但已发展成结构性心脏病，心脏功能出现变化。——编者注

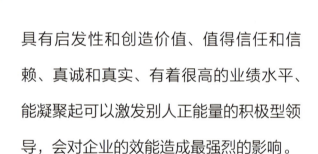

具有启发性和创造价值、值得信任和信赖、真诚和真实、有着很高的业绩水平、能凝聚起可以激发别人正能量的积极型领导，会对企业的效能造成最强烈的影响。

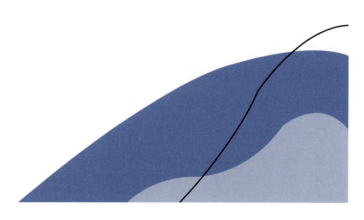

产生很大的影响。

在另外一个实验中，在那些因为抑郁和焦虑而正在接受精神疗法的患者中，第一组患者被要求在三个星期内给其他人写感谢信，第二组患者会把自己最深刻的思想和感受记录下来，而第三组患者则是去听了治疗课。在三个月之后，对这些患者的大脑进行了扫描，同时对患者的各项身体状况进行了检测。不管性别、年龄，还是最初的沮丧感和焦虑感，写感谢信的那一群人都能发现正向的神经活性发生了明显的改变，而其他几群人则没有这种改变。与其他脑区比较，最能调节积极情感、学习，以及积极行为的脑区（内侧前额叶皮层）明显地受到了影响。虽然仅有23%的患者寄出了感谢信，但是感谢信的正面效果依然存在。患者只需写信便可从中获益，不必要求收信人是否收到此信。数月之后，研究人员发现，"感谢疗法"的正面效果要比疗法本身更好。

在企业研究中，感恩与生产力提高、产出质量的改善、赢利能力增加、创新能力提升、客户保留率提高和员工流动率降低等方面都有关联。在面临艰难时期和困难挑战（如裁员或疫情封锁）的企业中，在表达感恩方面得分高的企业，显示出更高的弹性和财务绩效。

研究表明，表现出谦虚的领导力也能达到同样的效果。在各大宗教与哲学中，谦卑被视为一种基本的道德；而与其相对的狂妄、傲慢、骄傲和自恋则是人们所不齿的。关于领导者谦虚的公认标准有以下几方面：

- 表达正确看待自己的意愿——承认错误、寻求反馈、接受改变，并正确认识优势和能力。
- 表现出对他人优点和缺点的欣赏——对他人持积极的看法；避免对他人持竞争或比较的态度；避免对他人做出简单的判断，如能干/不称职、愚蠢/聪明、好/坏；重视他人的价值和贡献；对他人的贡献表示感谢。
- 可塑性，或对反馈和学习持开放态度的倾向——表达对学习的发展准备或渴望及寻求帮助的意愿。

由于这些概念有着类似的属性（认识和欣赏他人），因此，把谦逊当作一种美德来研究，并得出与"感恩研究"类似的结论（尽管有更多有关感恩的概念），也就不足为奇了。

举例来说，那些被同事们认为是谦逊的领导，他们会让自己的下属有更多的权力，更大的忠诚度，更多的投入感，更好的工作表现。一个领导者展现的谦虚，就像感恩一样，会产生正面的效果，显著地影响人际关系、团队效率、团队学习、凝聚力和集体效能。下文总结了这些因素带来的不同影响。

一项对那些被认为是谦逊的典范、极具领导才能的领导者

[例如，沃尔玛（Walmart）创始人山姆·沃尔顿（Sam Walton），玫琳凯公司（Mary Kay Inc.）创始人玫琳凯·阿什（Mary Kay Ash），西南航空公司（Southwest Airlines）创始人赫伯·凯莱赫（Herb Kelleher），联邦快递（Federal Express）创始人弗雷德·史密斯（Fred Smith）和宜家家居（IKEA）创始人英格瓦·坎普拉德（Ingvar Kamprad）]的研究显示，他们的企业能取得成功，主要依靠个人谦逊的领导力。他们的共同点是，都能够在他们的企业里创建积极的人际关系。

感恩、认可和谦逊的一些影响

- 促进积极的人际关系
- 显著地增强心律和心脏健康
- 增强对信息认知处理
- 提高身体新陈代谢的效率
- 提高认知灵活性和创造力
- 提高在校学习成绩
- 对疾病有更强的免疫力
- 更高水平的幸福感、乐观情绪和睡眠质量
- 减少个人压力、抑郁和焦虑
- 提高与利润、生产力、质量、创新、客户满意度和

员工留存率相关的绩效

● 增强团队效率、学习、凝聚力和集体效能

换句话说，实证研究证实，感恩、认可和谦逊的美德是向日性的——人类对它们有一种内在的倾向，并在个人和企业中产生积极的人际关系。

信任、正直和诚实的美德

关于信任这一主题的研究有很多，其中包括我的同事罗德·克雷默（Rod Kramer）及阿内尔（Aneil）和卡伦·米什拉（Karen Mishra）等所做的出色的研究。几乎所有人都认为，没有信任和诚信，什么事都做不成。没有信任，就无法发挥积极正向的领导力。如果有很高的信任度和诚实度，这将成为正能量的沃土。

在 2020 年新冠疫情期间，瑞典成功地避免了世界上很多地方实施的全面封锁，这要归功于它所具有的"高信任度"的文化。瑞典是一个对公民和机构高度信任的国家。与此相反，美国的公众信任度就相当低：

● 只有 22% 的人信任媒体

● 8% 的人信任政党

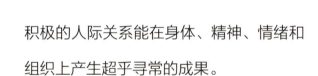

积极的人际关系能在身体、精神、情绪和
组织上产生超乎寻常的成果。

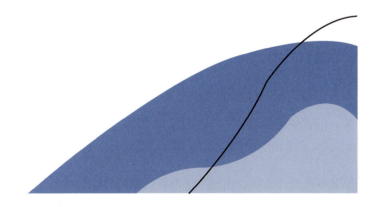

- 15% 的人信任联邦政府

- 12% 的人信任大公司

- 22% 的人信任他们的雇主

- 12% 的人认为企业高管具有较高的道德标准

- 12% 的人认为国会具有很高的道德标准

- 34% 的人认为其他人总体上是可以信任的

当不存在高度信任时，就需要高水平的社会控制来确保民众服从。之所以会存在法律、立法和社会管控机制（例如，要求出示身份证才能投票或通行，在大多数门上安装锁）主要是因为我们彼此不信任。很明显，当信任水平更高时，社会运作效率也更高。

与前面讨论的德行类似，人类从生命之初就存在对信任的自然倾向。许多学者解释说，情感信任来自孩子出生那天与母亲一起体验的安全感。这种婴儿期的信任来自被爱、被照顾、被养育，以及生理发展得到增强，包括内部器官的功能、大脑发育和睡眠模式。换句话说，人类的生物学发展与信任这一德行密切相关。信任是建立在别人的行动之上的，所以诚信、公平、正直才得以建立。当一个人变得成熟时，信任就成了建立良好人际关系的一个重要特点。有了信任、诚信和诚实，就会有很多正面的结果，正如下文所概括的那样。

实证结果证实，当信任度高时，可以大大减少不确定性和模糊程度，从而更好地应对各种复杂事件；弹性工作时间和小组协作也越来越切实可行；实现更多的创新和冒险；生产力提高十倍之多；员工间的互惠关系提升；表达感激之情的频率更高；利他行为和公益服务增加；变得更大方，更愿意与别人一起分享。

信任、正直和诚实的一些影响

- 促进积极的人际关系

- 促进婴儿发育

- 降低不确定性

- 加强团队合作和安排弹性工作

- 更多的创新和冒险

- 生产力显著提高

- 增强员工之间的互惠性

- 增加利他行为

- 更多地表现出慷慨、利他主义和亲社会行为

- 大幅度减少低效和浪费

此外，合作也得到加强。尤其是那些带来正面影响的人际关系网能够得到加强。信任的关系通常都是充满活力的，但是，一

且信任、诚实和正直发生问题，正能量很快就会被摧毁。

一个关键问题是，在我们出生时，人们对于德行的偏爱是显而易见的，并且这种偏爱是向日性的。它们还在个人和组织中产生理想的结果。但是需要再次强调的是，关于德行的论述并不在于这些行动会带来什么样的后果，而是这些行动是否能表现出本质上的善良与美德。我们不必为了取得某种成果或者获得什么好处而表现得很有道德。德行本身就是回报。但是，好的行为的确可以产生正面的影响力，这表明每个组织都应该培养美德。下一节，我们将集中讨论如何在你的组织中表现美德和善行（请参阅本书末尾处的资料 2）。

慷慨、利他主义和贡献的应用

与慷慨、利他主义和贡献相关的实践已被许多研究机构证实，这里只列举几个例子。以下这些都是最常见和最有效的方法，用以强化和培养正向领导力。

- 指导和教学。在某些机构里，如果某个人做得好，就会给他提供一个教导和训练他人的机会。他们得到的是一次获取贡献度的机会。例如，让一位员工在每周一次的员工大会上，把他学到的新知识分享给团队的其他成员。在接下来的一段时间里，另外一个人也被要求做相同的事。在每一位成员都获得了在会上给其他成员上课的机会后，再重复上述步骤。通过不断的学习，每一位员工都能学到新的知识，并获得传授给他人的机会。

- "一加一奖"。密歇根大学罗斯商学院的前教务主任为在工作过程中表现出色或实现目标的学生颁发一项奖励。然而，当她给某个人第二次奖励时，德行就发挥作用了。表现出色的人会得到两次奖励，他们可以把第二次奖励分享给他们所认可的人。每一次的优异表现，学生都会得到两次奖励，并且可以得到别人的认可。

- 集体贡献。密歇根州安娜堡市一家著名的熟食店，每周都与员工举行例会。会议上，会把物品清单写在白板上。这些项目包括一周内打碎的盘子数量、小费总额、从订购三明治到送货所需的时间及员工满意度。每个人每周负责报告一个项目。但是，这份报告最关键的地方在于，在接下来的一周里，每位员工都将如何改善自己纳入个人职责范围。每个员工每周都有机会为公司做出一个微小却重要的改进。

- 颁发证书。达美航空（Delta Airlines）以一种特殊的方式奖励飞行常客。在获得一定的身份级别后，航班常客将获得证书，他们可以向达美员工出示这些证书以表彰其出色的服务。当乘务员、登机口工作人员或行李处理员

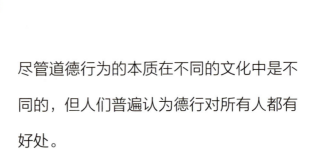

尽管道德行为的本质在不同的文化中是不同的，但人们普遍认为德行对所有人都有好处。

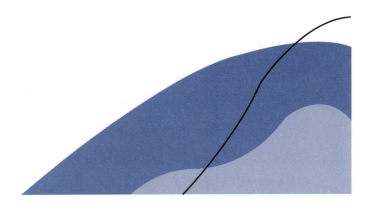

表现出色时，乘客可以为该员工颁发证书。达美公司的员工在收到旅客的奖赏后，往往会热泪盈眶，互相拥抱。达美航空认可其航班常客有机会因其忠诚度而为他人作出贡献。

- 提供志愿服务。很多机构都会让员工们在工作之余，为慈善机构、学校和非营利机构做义工。一些人在做义工时，可以获得一部分带薪假期。在一个机构里，总裁会把特定的一天定为"义工日"，而那一天是不工作的。员工们还可以自愿为社会服务组织做义工，或者待在家中。让总裁感到惊讶的是，有88%的员工参与到了义工的行动中。第二年，员工们就"志愿服务日"的具体时间提出了疑问，但是首席执行官却告诉他们，放弃工作的代价太大了，所以他们不能去做更多的事情。员工们不肯放过这样的机会，因此，他们每年都要举行义工日的活动。

- 说出你做过的最好的事。一位高管的朋友有一个讨厌上学的小女儿。这个孩子一到上学时间，就会抱着妈妈的腿，妈妈送她下车她就大哭大闹，弄得妈妈十分难受。女孩的老师建议这位妈妈让孩子每天都说出一天中最开心的事情，这样可以让她把注意力集中在正面的事情上。每天放学后问她这个问题是否稍微改善了她不爱上学的这种情况，但效果不大。妈妈决定把问题改成"你今天为别人做过的最好的一件事是什么？"不知什么原因，变化出现了。那个小女孩每天都很激动地向妈妈汇报她在学校里为其他人做了些什么。

她妈妈说，当她们一起到迪士尼乐园游玩的时候，一切都变得美好起来。她们在洗手间碰到一位清洁女工。大多数情况下，清洁女工都会被忽略，甚至还会被当成障碍。而这个孩子走到清洁女工面前说："希望你今天过得愉快。"那位女士就开始哭泣。她回答说："我在这干了14年，从来没有人希望我度过快乐的一天。"女孩的妈妈说，这样做是有收获的。她的女儿每天都在努力想办法让自己与他人之间的关系变得更好。

感恩、认可和谦逊的应用

我知道的几家公司也在运用感恩、认可和谦逊这几个做法。下面是几个例子。

- 感恩日记。有些公司，即使是那些有上千人的公司，也会给每个员工发一个名为"感恩日记"的日记本或者笔记本。公司要求全体员工每天都要记日记，在一天里，或者至少在一周内，对下面的问题做出答复：你现在最感激的是什么？什么是一天中最美好的事？如果这一天过去了，你将失去什么？哪些小恩惠让你感恩？

- 感恩墙。公告栏、白板，甚至是玻璃墙壁和窗口，也被称为"感恩墙"。有一次，一位高管在她办公室的玻璃墙外用可擦记号笔写下了"感恩墙"这三个字。不到一个钟头，一个员工就会把她感激的事都记下来了。一周内，大楼里其他的玻璃窗也被换成了同样的名称，员工的反馈也被张贴在墙上。有些团体还制作了贴有团体会员名字的信封贴在墙上。多准备一些白卡，这样员工就可以向他们想要留言的人留言。他们只需将字条放到那人的信封中即可。这种做法也适用会议及讨论会的场地，每位参加者都会收到一个指定的信封。

- 感谢卡或信件。韩国乐金（LG）集团是一家跨国企业，一名高层管理人员让其助理每天将 5 份贺卡放在自己的桌子上。卡片正面印有"谢谢"，反面则为空白。他给自己安排了一个任务，那就是每天给 5 位员工写 5 封感谢和表扬信。他说，这个项目使他的最高管理层对问题的负面态度，转向了对机遇的正面态度。

  另一位高管每天只给员工写一封感谢信。17 年之后，到了他退休的时候，保留下来的有几千张便条（有些是镶在镜框里的，有些是贴在办公室布告板上的，有些是贴在办公桌的玻璃底下的）。这是他最大的财富。另一位高管保证每年给每位员工的家人写一封信，表达该员工对公司的重要性，并对员工当年取得的主要成就表示认可。

- 让别人感到"不好意思"。在一家面临财务困难的大型跨国公司中，首席执行官要求每位员工一天最少要有一次主动让另一名员工感到"不好意思"。意思是说，大家都会当着别人的面夸奖别人。目标是把注意力集中在哪些事情进展得很好，哪些事情值得庆祝，哪些人值得感激和祝福上。有些人对这项工作很不满意，一开始他们觉得这个工作很无聊、很肤浅，让人很不舒服。但是，不久之后，这一实践在企业文化中起到了很大的作用，反对声也就逐渐销声匿迹了。

- 分享好消息。许多组织在每次部门会议或员工会议开始时给每位与会者 60 秒的时间来分享过去一周发生的最棒的事情，或者分享员工认为最值得庆祝的事情。即便是像讨论会或全体大会那样的大型集会，在会议开始的几分钟里，大家也必须互相交流，分享好消息，感谢或者一起庆祝。每一次会议都以积极的情绪为开端。

- 可用性和开放性。据我所知，一些表现优秀的企业的领导者通过让员工定期提问、提出建议和影响决策的机会来展现领导者谦卑和开放的态度，甚至在确定公司未来不好的事情发生时，人们的情感会被深深地影响；而好的事情发生时，人们的行动会被深深地影响。负能量让我们感觉很糟糕，正能量帮助我们采取积极行动。

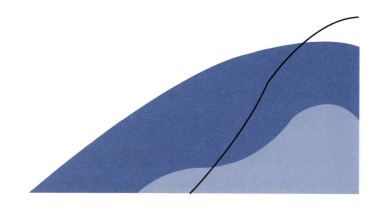

方向、价值观和文化等重要问题上也是如此。发展员工的领导力，有以下几种方式：举行市政会议，在高层与员工团体间举行早餐会，在员工办公室举行领导视察会，让员工家属参加"持续改善项目"以外的活动，以及举办研讨会、午餐会、学习活动或拓展活动等。领导者努力保持透明和高效，并且乐于倾听每个人的反馈意见，不断改善。

信任、正直和诚实的应用

● 正直。几乎每一位领导和机构都提倡诚信，但是，有些时候，一些在诚信方面有信誉的人所共享的信息却更具风险性。他们直言不讳，避免捏造对自己不利的消息。这就要求了解公司的财务状况、有哪些问题或面临哪些外部威胁。要取得较高的信任度，首先要让员工相信他们没有上当受骗，公司希望他们能协助解决问题并能为公司做出贡献。

● 一致性。在一个经济繁荣的年代，几乎每一个企业都遵循着"员工是企业最宝贵的资产""顾客至上""诚信为本""质量为先"等价值观。但是，在经济不景气的时候，需要进行大的变革，而且那些企业曾经提倡过的、用来处理危机的价值观念经常会被搁置一边。对待员工粗暴、无理的行为屡见不鲜。一个组织如果拥有高度信任，就会团结一致，会做出他们所赞成的事，而且值得信赖。他们的团结程度并不取决于周围的环境条件。例如，一家大型航空公司的首席执行官在一场重大金融危机期间拒绝裁员。正如他所说：

> 我们本来可以在任何时间都采取暂时停工的办法来获取更多利益，但是我总觉得这是目光短浅的行为。你需要让你的员工知道你有多重视他们，你不会因为得到一小笔利润而损害他们的利益。不给员工休息的机会，可以提高他们的忠诚度。这给人以安全感，还能增进信任。

● 牺牲。最大的信赖是指一个人会为另一个人做出牺牲。如果一个人很容易就能做出一个决定或者做一件事，那么这个人一般也会更容易对另一个人产生信任。把别人的幸福放在自己的幸福前面，这样就可以建立起一种很好的互信关系（以及正面的关系力量）。

● 权限。只有具备一定的资质和能力，才能获得信任。正因此，必须参加驾照考试，而且还必须有专门的健康护理证书。在公司里，展现自己的才能对于赢得人们的信任也很重要。如果一个公司的员工感觉到被赋予了权力，投入了大量的精力，并且感觉到了自己的价值，那么这个公司的成员就能够做出承诺，发挥出自己的能力，并且证明自己能够胜任更高难度的工作。

- 情感银行账户。许多年前，我的一位朋友兼前同事斯蒂芬·柯维（Stephen Covey）提出了"情感银行账户"的概念。它可以用来说明一段关系在多大程度上是蓬勃发展、充满活力的，或者是逐渐枯竭、衰退的。在一段积极活跃的关系中，即使在不方便的时候，人们也会定期、持续地进行情感存款，而且"存款"数额总是大于"取款"数额。

"存款"包括诸如专心倾听、友善行事、明确期望、信守承诺、不等待被询问、道歉、始终在场、表达感激之情和面带微笑等。第三章表 3-1 中正面特质的 15 种行为就是"存款"的例子。

"取款"包括发表麻木不仁的言论、违背期望、无礼、批评、打断别人说话、忽视或讽刺等。这些行为在第三章表 3-1 的右栏负面特质中表示。一段关系中，互信程度和积极的关系能量依赖"存款"而非"取款"。我认识一些公司的领导者，他们会认真管理他们与员工的情感账户余额。他们知道员工偶尔会需要"取款"，所以他们想确保已经存入了足够的"存款",以便有足够的积极关系能量可用。

与"黑洞"打交道的方法

高管或员工经常问我如何应对组织中被称为"黑洞"的个人。这些人是消极的、分裂的、严肃的、刻薄的和粗暴的人。这类人从与他们交流的每个人身上吸取能量,并且是负能量。

那些提问者经常会说:"培养和鼓励有积极正能量的人固然是件好事,但在我的公司里,有一些人恰恰相反。他们会使别人失去活力,破坏正面的人际关系。问题是,只要有足够多的黑洞,就可以把所有的正面能量都消灭掉。如何与这样的人打交道?"

我的经验是,在这种情况下,可以考虑采用四个阶段流程。目标是始终按照积极的正向原则行事,但仍要解决黑洞行为带来的问题。

第一个阶段就是通过提问来尝试理解一个人的处境、看法或者他关注的事情。然后,通过对对方的了解,运用支持性交流的原理,给出描述性的反馈。支持性交流的目标是以一种能够建立和加强关系的方式提供纠正性或不同意见的反馈,而不是引发防御性(感觉受到攻击)或被否定感(感觉自己毫无价值)的反应。

利他主义、同情、慷慨、感恩、诚实、善良，这些都是维持良好关系所必需的，这些都会给人们带来正面的影响，从而提高工作效率。

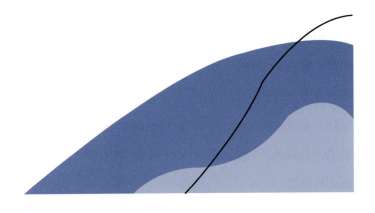

这种反馈分三步进行。

第一步，你要对什么行为进行描述，或者说你觉得什么行为应该被纠正。尽量客观、心平气和地讨论他的所作所为，不要讨论他个人。识别出能够被他人证实的不当行为。找出可接受的准则，不要完全依靠自己的观点和喜好。不要说"你错了""你有问题""你不明白"等带有评判性的话语。

第二步，你或者别人是如何回应这个行动的，或者结果是什么。识别已经出现的不良后果。不要把问题的起因归咎于别人，而要把注意力集中在这个行为所带来的反应或者结果上。

第三步，提出一个更容易接受的替代方案。这样，人们就会把注意力放在所提出的备选方案上，而不是过度关注其自身价值。这样做也能为他人保留颜面，避免对他人的指责和否定。你对这个人的尊敬与行为无关。自尊之所以能保持，原因在于行为，而不在于人。大部分人都会对那些为了帮助他们成功而提供的真实、有用、善意的反馈做出正面回应。尤其是当我们制定了一个更能被大家所认同的行为规范的时候。

假如第一步不奏效，或者这个人继续防守或固执己见，那么就进行第二步。第二阶段涉及提供辅导、培训或成长机会。制订改进计划通常很有帮助，因为违规者经常会说"好吧，我就是这样的人""我不知道任何其他行为方式""这只是我的风格"之类的话。

如果一个人的行为有改进和发展潜力，那么，给他一个更好的选择就会成为一种特别的帮助。导师的规划目标可以有以下几点：帮助一个人在行为上增加他的价值，而非降低他的价值；帮助他人，不要削弱他人；产生而非消耗积极的影响。对于在某种程度上想要帮助自己进步的人，大多数人都会给予积极的评价。

但是，在一些情形中，个体仍有可能成为"顽固不化"的黑洞。因此，第三步可能是合适的。第三个阶段包括将人们置于边缘地位。经常会遇到这样的情况：有些"黑洞"是对组织不可或缺的专家，对组织的成功有很大贡献的个人，或者是具备关键才能的人。第三步，确切地说，是把话筒从他们手里拿开，这样他们与其他人之间交流的可能性就会大大减少了。正向领导者协助他们做好自己的事情，但尽量不要让他们对体系中的其他人产生影响。再次强调，动机是帮助这个人在其岗位上中取得成功，但同时不给机构增加超出利益的成本。

在极少数情况下，虽然你已经表现出足够的诚意和理解来改善关系，但还是会出现消耗能量问题，这时就需要第四步了。解决问题的方法就是把这些人带到别处去。这并不意味着你会一发怒就把他辞退。而是说，领导向我们传达了这样一个信息："你们无法在这种情况下成功，我们也一样。让我们来给你们找个好地方吧，不过那个好地方可不是这儿。"

有进取心的领导力绝不会表现为抛弃个人的福祉，相反，会致力于帮助个人实现其潜力。然而，请注意，这是第四阶段，而不是第一阶段。在引导个人离开之前，已经有大量的投入。

　　当我们遇到"黑洞"时，我们往往会忽视他们，与他们战斗，或者干脆消灭他们。但即使是在艰难困苦的时刻，正向积极的领导也会对有消极行为的下属保持一种友善的态度。

结论

　　再次强调，德行是向日性的，因为人类从婴儿期开始，就有向善的天性。有了德行，他们在物质上和精神上都会繁荣起来。从这个意义上讲，根据定义，德行本身就是有价值的。它并不是一种实现其他目标的手段，而是一个自身就有意义的目标。

　　然而，有明显的证据显示，德行与社会进步，企业业绩改善，尤其是与人之间的正面关系密切相关。这一章提倡人们表现出良好的行为举止，不仅仅是因为这些习惯能够带来积极的结果，更是由于这种习惯会带来唯一不会因使用而耗尽而需要恢复时间的能量。德行是正向领导力的核心。

　　本章着重介绍了与正向领导力相关的三组德行实践，并给出了它们的一些实际应用示例。目的是帮助领导者找出那些容易执行的，能够建立正面的人际关系的方法。

在下一章，我们将会看到，在重大的企业改革项目中，正向领导力的应用。这些案例中的企业都陷入了异常困难的境地，而正是正向领导力帮助它们获得了巨大的成功。在每一个案例中，以上所述的组织形式都表现出一种非同寻常的积极的改革面貌。每一个都是松散耦合的系统，没有一个领导者可以强制改变。正向的人际关系能量是成功的关键。

第五章

正向领导力实例

本章将重点介绍 4 个具有正向领导力的实例，以及他们如何在企业中发挥作用。在每一种情况下，领导团队所表现出来的正面情绪并不是获得成功的唯一因素，但是毫无疑问，它在业绩方面起着举足轻重的作用，有时甚至远远超出人们的期望。在每一个案例中，领导者本身并没有执行必要的变革或策略的权利。

案例包括，劳瑞德国际大学联盟（Laureate universities）、沙特电信（Saudi Telecom）、密歇根大学的商业和金融部门及泰米莱尼奥大学（Tecmilenio University）。之所以选取上述实例是因为它们分别代表了不同类型的组织，遭遇的情况完全不同，但它们都受到前文所提到的具有积极正向特征的正向领导力的影响。

劳瑞德国际大学联盟

劳瑞德国际大学联盟是全球最大的高校联盟（2017 年，该机构在全球 12 个地区共有 69 所大学）。当时，劳瑞德的学生人数超过 100 万，员工人数约 135 000 名。这些高校分布在中美洲、南美洲、澳大利亚、新西兰、欧洲、印度和非洲，其中一些高校在本国享有盛名。

劳瑞德的首席执行官和总裁分别由埃利夫·塞尔克－汉森（Eilif Serck-Hanssen）和里卡多·贝尔克迈尔（Ricardo Berckemeyer）担任，他们相信，正向领导力将成为未来创新和文化变革所依据的核心原则。本书的序言中已经强调过，这两位领导者以前都是通过与吉姆·马洛齐（Jim Mallozzi）打交道才接触到正向领导力原则的。他们认识到，劳瑞德面临巨额的财政压力，以及高层的人事变动。很明显，维持现状不是保证未来取得成功的可行战略。

在这个全球性组织的高层领导中，有来自世界各地大学的校长、董事和首席学术官，他们齐聚一堂，参加了为期三天的高强度研讨会。研讨会的重点是回顾实证研究，这些研究着重于对树立正向领导力的信心，特别是对积极能量在改善核算体制中发挥的作用、对培养正能量的实例进行了回顾。

在这间工作坊里，与会者们发现了 12 个劳瑞德公司运营的地区，每个地区都有"正能量源"。这里，"正能量源"是指那些能够传递热情，与他人保持良好的关系，协助他人取得成功，激励和提升其工作环境的员工。第三章中表 3-1（见 P.072）里所提到的正面特征都是一样的，这些高级管理人员都把一组 46 个人认定为是"正能量源"。

在人际关系中，接纳与奉献固然很重要，然而，真正影响我们是否快乐与积极的，不在于我们获得了什么，而在于我们怎样去帮助他人。当个人表现出慷慨和利他主义并为他人的福祉做出贡献时，积极的关系能量会显著增强。

这些正能量源齐聚一堂，共同参加为期三天的关于正向领导力的高强度研讨会，并接受了 90 天内完成 90 个目标挑战。该挑战要求，90 天之内以正能量"影响"全球 90% 的劳瑞德员工。受影响的个体能够教导或向他人说明正向领导力是什么，并且通过努力提升 1% 来展示正向领导力。

对于"90 天内完成 90 个目标"的挑战，并没有一个统一的时间表，参与者可以根据自己的想法自由选择。在这本书的结尾，有几个小组所采取的措施被列在"参考资料 2"里。

在 90 天内，13.5 万名员工中有 93.3% 受到影响，接受了超过 12 万个小时的培训和工作坊。论坛、研讨会、庆祝活动、工作组、课堂教学、辅导、实务符号和剧本，都是为了完成这一任务而设计的。在事后的跟进调查中发现，95% 的参与者表示，他们会把这个培训推荐给其他人；98% 的参与者表示，他们获得了关于如何提高机构绩效的新知识。图 5-1 显示了在"90 天内完成 90 个目标"挑战后对全球员工进行调查问卷的结果。在 90 天的时间里，每一项的分数都有所提高。

这个项目的成功很大程度上得益于塞尔克-汉森与贝尔克迈尔自身做出了表率。他们公开了自己的计划，以便他们能够在积极的领导作用方面做出表率。他们每周都给员工写感谢信。修改奖励体系，使之符合正能量原理。他们具有第三章提到的积极领导者的显著特征，比如共享工作成果、为解决问题树立

图 5-1 积极实践 8 个维度的得分

榜样、关注机遇与障碍、阐明意义，并利用全球范围内众多积极的推动者。毫无疑问，从公司最高层开始实行积极的领导是成功的关键。

除了在全球范围内实施的总体机构战略，还设计了 14 个不同的实验，以评估积极实践和正能量对学生的影响。来自劳瑞德大学联盟的一些学校，邀请了来自各个领域的老师参与课堂积极实践调查。14 名教职员工自愿参加了这项研究。老师们也都愿意在自己的课堂上实践各种积极的做法，树立正能量的榜样，并且不设固定的教学内容和教学方式。这一研究所涵盖学科包括会计学、分析设计方法、建筑学、艺术学、经济学、教育学、人力资源、营养学、生理学和统计学。

导师们在研讨会上接触到正向领导力和正向领导原则。之后，他们会根据自己的意愿，在课程中进行练习。搜集到的资料将会与过去一年里同一老师所教授的正面领导力课程相对比。对比图如图 5-2 所示。

4 门独立课程，西班牙大学

图 5-2　积极领导力课程对西班牙大学学生的影响

与实施正面实践之前教师所教授的课程相比，印度一所大学的三个班级（图 5-2 左上角图表）在学生满意度评分上提高了近 1 分，采用的评分标准为 5 分制。在对同一所大学 6 个不同教室的另一项分析中（中上图），学生平均考试分数和成绩提高了 7 个百分点，学生出勤率（右上图）高出 10.31 个百分点。在西班牙一所大学的 4 门独立课程中（下图），在让学生接触到正向领导力和正能量后，学生的平均考试成绩和课程成绩（以 10 分制计算），提高了 0.56 分。

当然，这些都不是严格意义上的实验，显然还有很多其他的原因使然。然而，（正如劳瑞德大学联盟高级管理人员在后续采访中所说的那样）结果确实显示，积极正向的做法对教育机构和课堂上的学生产生了不小的影响，甚至跨越不同的学科和民族。

沙特电信

正向领导力带来影响的第二个例子来自沙特阿拉伯王国，这是一个君主制国家。可以肯定的是，为沙特经济提供动力的石油资源总有一天会枯竭，而这个国家赖以生存的碳经济（主要是石油和天然气收入）也将被数字经济所取代。沙特阿拉伯通过将某一个政府部门私有化，使之成为一个灵活的、具有前瞻性的营利性企业，实现该国经济与文化上的现代化转型。

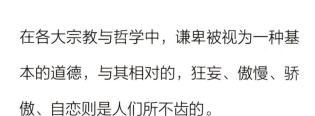

在各大宗教与哲学中，谦卑被视为一种基本的道德，与其相对的，狂妄、傲慢、骄傲、自恋则是人们所不齿的。

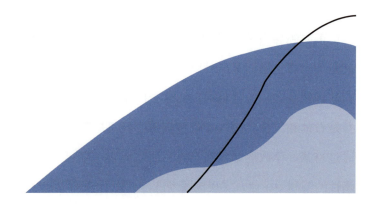

　　沙特电信（Saudi Telecom）是沙特阿拉伯王国的电信供应商，被选中进行私有化改革。其成功转型在很大程度上得益于哈立德·H. 比亚里（Khaled H. Biyari）的积极领导力。比亚里于2015 年被任命为沙特电信首席执行官。

　　在 5 年的时间里，沙特电信已经成为海湾地区领先的国家级电信服务供应商，在 8 个国家拥有 11 家子公司。其市值翻了一番，而竞争对手的市值则下降了大约 50%。品牌价值从 28 亿美元增长到 62 亿美元，跃升为"中东三大品牌"之一。沙特电信的高潜能发展计划于 2018 年被阿拉伯人力资源管理协会（Arabian Society for Human Resource Management）授予"海湾地区最佳人才计划"。2013 年，其在麦肯锡咨询公司（Mckinsey Consulting）的机构健康指标得分处于全球最低水平，仅为 100 分制中的 33 分。但在接下来的 5 年间，这个指标迅速提升至 71 分，成为麦肯锡数据库中最大的 5 年增长幅度。

　　比亚里是如何领导沙特电信如此成功地完成转型的？他活跃的领导力得到了广大员工的一致好评，这也是公司能够发展壮大的主要原因。尤其是，其领导力具备与正向能量相关的三个关键属性：通过推动个体成长帮助他人蓬勃发展，认可并欣赏他人的成就，乐于接受自我提升（这些都是领导谦虚的特点）。

　　帮助他人蓬勃发展。作为这一积极激励举措的一个例子，他给沙特电信的每一个部门都设置了一个"健康医生"的职位，并且给每一位高管都配备一位医生。他们并不是保健医生，相反，健康医生负责帮助改善组织健康和领导效率。他们的职责是给每位主管提供忠告，使其更加积极主动、充满活力。健康医生可以得到公司的资助，用于实施他们的方案，并确定所需进行的改变，他们在提意见和倡导改善方面也有充分的自由。

比亚里评论道："我们正在努力将领导者转变为倾听者。"一名健康医生也是一名志愿者，在每个公司中，以健康医生的工作作为他们正常工作的补充。健康医生被指派跟随每位总经理或副总裁。每一位高级领导都收到了有关个人发展和组织进步的持续性建议。

欣赏他人的贡献。与其将愿景描述和清单作为首席执行官的企业价值观，比亚里更倾向在公司内召开多次研讨会，并向员工提问："我们想让沙特电信变成什么样子？我们想在哪些方面体现企业的价值？我们可以想象一家公司应该是怎样的？"通过这些讨论会，员工们总结出 57 种价值观念。在此之前，员工归纳出 57 条价值观，从来没有机会为建立一个理想的机构和一个美好的未来而努力，但是，这次的工作坊却向他们传达了一个比亚里释放的全新信号："我们最宝贵的财富，就是彼此之间的交流与关怀。"

比亚里的团队将 57 项价值归纳成以下五大核心内容。

- 客户至上："无论内外，我们都以最热情的态度为顾客服务。"
- 创新："我们捕捉新事物并将其交付给市场。"
- 敏捷领导："我是一个在瞬息万变的世界中表现出色的敏捷领导者。"
- 建立信任："我说我想的，做我说的，并且做好。"
- 一个沙特电信："我们合作实现沙特电信的愿景。"

比亚里自己又在价值清单上添加了一个附加价值。根据他的观点，这份列表忽略了对员工的直接关心，所以他把"员工至上"放在一切其他的价值之上。比亚里说，在实际操作中，这意味着将人力资源部门从"公司的守护者"转变为"我们关心您"的代表。他创建了一个"每周首席执行官"的博客，强调并突出了正在实施的各种"员工至上"计划。

这些举措以许多方式实施。比如，公司向员工提供咖啡、茶和水，而不是让员工自己付费。对所有家具、工作空间和浴室都进行了改造和升级，整个工作空间充满了时尚、整洁、舒适、充满活力的感觉。一些引人注目的公共区域被设计为缓解压力的地方，这些地方配有游戏、拼图、书籍和舒适的座位，让员工们可以在这里放松休息一会儿。

重要的是，比亚里成立了一所教育机构，叫作沙特电信学院，旨在培养世界一流的商业领袖并协助开发正面的企业文化改革方案。沙特电信的所有领导均出席了由全球高校教师举办的学术讨论会暨发展大会。由于训练的质量与效果都很好，所以，如果有机会到全球顶尖的学校接受训练，沙特电信的职员还是会把沙特电信学院当作他们的第一选择。

对反馈持开放态度。比亚里培养正向领导力的基本方法体现在他的陈述中："只要你能够打动人心，并且用聆听的方式让他们确信，他们就会做出不可思议的事情。"比亚里定期拜访员工和客户的办公室，这在沙特电信还是头一遭。这引起了其他副总经理和总经理的模仿，以至于公司高层管理者经常到员工的办公区拜访，以便听取他们的意见。访问时，那些高级领导会被询问一些有指导意义的问题，比如"你想让你的领导做出哪些改进？"

比亚里还在上任初期就已下定决心吸纳女性员工。在沙特阿拉伯，男性和女性通常不在一起工作；2016年，沙特电信的17 000名员工中只有不到10名女性。为了吸引更多的女性，比亚里指导建造了一栋单独的大楼，仅供女性使用，让女性在工作时有一种安全感和舒适感。到2018年，沙特电信聘用了300多名女性，而且这个数字还在持续增长。女性员工在公司政策和战略中获得了发言权，不再需要女性专用大楼。

当然，也不是所有的决策和行为都能得到人们的认可。沙特阿拉伯的文化对这个机构的运作仍然起到了很大的作用。但

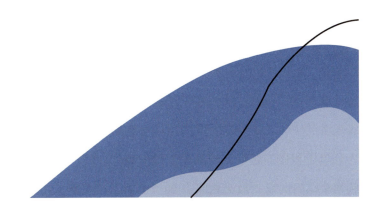

一个领导者展现的谦虚，就像感恩一样，会产生正面的效果，显著地影响到人际关系、团队效率、团队学习、凝聚力、集体效能。

是，比亚里拥有卓越的领导才能，他向沙特传统的领导方式发起了挑战。在他身上，我们看到了一种积极的领导能力，那就是谦虚、有个性、信任他人、正直和真诚等，这些才能确保人在各种不同的国度、各种文化中取得成功。

密歇根大学商业与金融系

密歇根大学的商业和金融部共有约 2700 人，隶属于 6 个不同的部门：设施和运营、财务、投资、信息、人力资源以及共享服务。45 个不同的团队向该部门负责人报告。管理这样一个多样化且松散的实体是一项重大挑战。该部门也是大学投诉和不满的靶子。

商业和金融部的负责人还担任该大学的常务副校长和首席财务官。学校从校外聘请了一位新领导凯文·赫加蒂（Kevin Hegarty）来领导该部门，上任没多久，他就着手一项文化变革计划，重点是创建一个积极的组织。目的是让各级别员工都认识到自己正在从事的工作很有意义，并且能够起到正面作用。

赫加蒂采取的一项主要举措是将商业和金融部最高 4 个层级里大约 175 名领导者组成的领导小组聚集在一起。他与这群人分享了积极的领导原则和正能量的概念。该小组同意集体鼓励整个部门实施"90 天内完成 90 个目标"挑战赛。这个挑战包括在商业和金融部找出 160 位正能量的引导者，并委托他们在 90 天内用积极的做法影响部门 90% 的员工。在这种情况下，效果就是使 90% 的商业和金融部员工接触到积极领导的原则，并且要求他们在 90 天内进行一次与此有关的活动。另外，通过参加 1% 的正向改变的俱乐部，让每个员工都积极地参与进来。

高层和志愿积极能量小组参加了为期一天的论坛和研讨会，以了解正向领导力和积极的能量，并着手开展他们的干预措施。没有规定具体的活动，各个部门制定了自己的战略来完成挑战。本书末尾的"资源 2"中列出了 90 天发生的活动示例。

设立一个中央网站用于分享想法、寻求帮助，以及一个能让积极能量传播者下载资源、模板和其他材料的网站。我们鼓励正能量传播者通过中心的电邮地址，与大家一起交流他们工作上的成果和亮点。其目的有 4 个：积极发展关系，创造目的与意义，关注自己的优势，推动积极的交流。

在挑战开始时对积极激励者的一项调查中，96% 的人表示有信心能够实践积极的做法，94% 的人已经在他们的部门尝试新的积极举措。完成"90 天内完成 90 个目标"挑战后，商业和金融部不仅完成了超过 90% 的目标，还实施了数十项独特而有创意的活动作为挑战的一部分。在实施的前一年，整个商业和金融部尝试了大约 500 项独特的举措。实施后的一年，措施增加到 1400 多个。（请参阅书后资源，了解在"90 天内完成 90 个目标"挑战中实施的一些举措）此外，一项员工意见调查表明，与两年前的结果相比，该组织的氛围有了明显改善（见图5-3）。

图 5-3　由于提出了积极的文化倡议，员工的意见得分有所提高

资料来源：经密歇根大学执行副总裁兼首席财务官凯文・赫加蒂许可使用。

　　即便是在这一松散的体系中，注重主动行动的措施看起来也能把整个体系整合起来，产生前所未有的效果，包括公交车司机、在学校隧道里工作的水管工、成瘾问题咨询师，以及管理几百万美元财务的投资人。赫加蒂通过"90天内完成90个目标"之后传递给部门的信号，阐述了他的正面鼓励方式：

　　我在此送上一则消息，恭喜你通过了"90天内完成90个目标"挑战赛。尽管过去三个月发生了很多事情，但你还是不断地向你的同事伸出援手，激励他们学会感恩、学会友善、学会快乐，从而创造出一种和谐的气氛。我们从未想过，我们会遭遇新冠疫情，然而，我们由衷地感激各位，因为各位愿意承担这样的重任——我们商业和金融部员工比以往任何时候都更需要您的正能量！感谢！

我明白，你们中的每一个人，都必须调整原来的安排，重新规划自己的工作来适应远程办公，轮班工作，以及在学校里保持一定的社会距离。尽管这并不是一件简单的事情，但是你仍然表现得很好。我们还在继续接收最后的报告，从数据看非常好。迄今为止，这些提交报告的小组占当地员工总数的90%，许多小组甚至达到了100%——哇！

我们很高兴看到有这么多的人将会持续扮演正面的角色，他们会持续鼓舞我们的员工，做出1%的积极改变，并继续支持我们为每个人创造一个充满活力、包容性强的工作场所。

我们的机构和员工已经因为你的出现而受益良多。我想请各位用一分钟的时间来反思一下你们所做的工作。你在扮演这个角色时所展现出来的创造力和独特性让我惊叹不已，在我们网站上，你可以看到很多类似的案例。感谢各位对本校的大力支持，我们也会不断努力，让我们的机构、让我们的生活更美好。

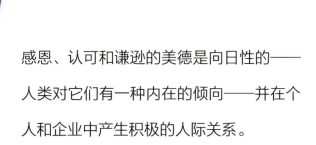

感恩、认可和谦逊的美德是向日性的——
人类对它们有一种内在的倾向——并在个
人和企业中产生积极的人际关系。

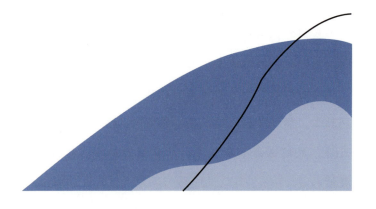

泰米莱尼奥大学

设在墨西哥蒙特雷的泰米莱尼奥大学（Tecmilenio University）为墨西哥人提供了接受高等教育的机会，特别是技术教育。从2002年成立到2010年，泰米莱尼奥大学逐渐将入学人数增加到约3000名学生。然而，在成立最初几年的成功运营之后，泰米莱尼奥大学的注册人数开始下降。以2010年为例，招生总数为3120人；2011年，入学人数为2991名学生（增长-4%）；2012年，入学人数降至2844人（增长-5%）。这所大学以低成本和二级学院而著称，年平均学生流动率几乎为100%，学生保留率仅为40%。

泰米莱尼奥大学总裁赫克托·埃斯卡米拉（Hector Escamilla）认为，必须改变以往所采取的战略，才能改变学院目前的处境。他聘请了几位主要员工帮助他制定和实现这一新战略。2012年至2016年，泰米莱尼奥大学员工积极寻求接触积极心理学和积极组织奖学金，为大学的全面转型奠定基础。赫克托参加了世界各地的会议，全力提升自我积极的领导力。

正是由于这样的关系，赫克托学院才创立了一所新型的学校，在这种模式下，学生、教职员工和校友将追求自身和学校的福祉作为其在高等教育经历中的最重要的成就之一。泰米莱尼奥大学的校训是"我们培养学生拥有人生目标，并培养能够帮助他们实现目标并造福社会的技能。"

这种新的大学愿景——创建世界上第一所幸福快乐的大学，基于三个主要特征：第一，定制化的教育体验，学生可以选择多达 40% 的课程作业（这为追求适销对路的课程提供了极大的灵活性能力）；第二，边做边学的方法，由基于能力的教育模式、合作学期、实验室和来自行业的教职员工和校园的行业顾问委员会支持；第三，提供实用工具，为整个泰米莱尼奥大学及墨西哥蒙特雷社区带来幸福感、生活满意度和快乐。目标是将积极的原则体现在与这所大学相关的所有设施、信息、产品、服务、仪式和行为中。

赫克托组织了 12 个团队，其中包括与大学主要利益相关的团体（如学生、教职员工、工作人员、校友和公司）的代表。通过一项调查结果，团队负责制定战略以解决以下"我们该如何"的问题：

- 我们如何创造积极的环境，让我们的学生在整个学习过程中保持积极性和参与度？
- 我们如何让我们的学生获得始终如一的积极日常体验？
- 我们该如何去界定并实施与泰米莱尼奥大学所有利益相关者所倡导的与幸福文化相关的行为？
- 我们如何才能让家长更加积极地参与到与积极组织学和

积极心理学原则一致的生活方式中呢?

- 我们如何确保所有向大学提供承包服务的承包商按照积极组织学、积极心理学及我们的幸福生态系统的原则与我们互动?

- 我们该如何设计和实施我们的文化,才能成为员工和教师的最佳工作场所?

- 我们如何定义和实施我们期望教师在与所有利益相关者互动时采取的一系列行为?

- 我们如何发展一个强大的校友网络,让那些继续支持学校、彼此和整个社会的人聚集在一起?

- 我们如何定义和衡量与我们生态系统的各个元素相一致的活动?

- 我们如何确保教师和工作人员对学生的福祉负有责任感?

- 我们如何培养校友中的正向偏差,使他们挑战并引领社会朝着更好的方向发展?

为了解决这些问题,学校采取了各种积极的做法。例如,泰米莱尼奥大学的所有学生现在都必须注册两个学期的课程:一门关于积极心理学,一门关于积极组织学。所有教职员工都参加了关于同一主题的两门课程,并且必须在这两个领域获得证书。校园生态系统经过重新设计,从原来的以房间号命名改为以正向积极的名称命名（如同情室、繁荣室和创新室）。学校还改变了自助餐厅的菜单，使之符合良好的饮食习惯，促进学生身体健康。在中央行政大楼内创建了感恩墙和互动空间。蒙特雷社区正在举办"快乐周"。学校创建了一个校友会，搜集了100个代表泰米莱尼奥大学毕业生快乐和幸福的励志故事。通过对社区、机构和大学成员进行持续和频繁的评估，来衡量其福祉和幸福程度。每周召开一次领导会议，审核收集到的关于本校积极运作方面的经验数据。

另外，每个学生在泰米莱尼奥学院大学学习的前两年，都会有一位私人指导老师，指导他们如何在学校的第一个学期确立自己的生活方向。学生在第二学年修订这一声明，在大四期间，学生通过参与480小时的全日制合作（实习）项目将声明付诸实践。该项目要求学生对他们执行合作任务的组织正向干预。干预有两个主要目的：实现学生的人生目标和对组织本身进行积极的组织变革。

在泰米莱尼奥大学，推行正向教育，运作正向理念，效果非常明显。自该计划启动以来的5年里，不仅入学人数每年增加11%以上，而且截至撰写本书时已达到60 000名学生，学校收入增长显著。作为一所私立大学，泰米莱尼奥大学产生了20%~40%的投资回报率，大约是股市最佳回报率的4倍。

表5-1举例说明了泰米莱尼奥大学在2018学年年末的转型

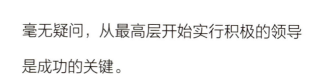

毫无疑问，从最高层开始实行积极的领导

是成功的关键。

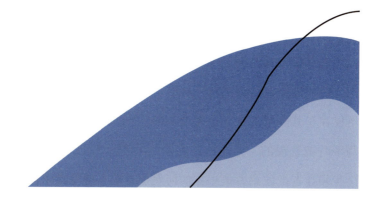

成果。

表 5-1　泰米莱尼奥大学 2018 年的成功指标

目标	达成百分比
学校收入增加（5 年）	1379%
学生从事能够满足他们人生目标的工作	95%
向他人推荐泰米莱尼奥大学的学生（净推荐值）	98%
推荐泰米莱尼奥大学的公司实习计划	98%

　　赫克托本人也成为一个正向领导力和正能量的全球倡导者。他还发起了一个校园研究项目，邀请外部专家在这些项目中研究与积极领导相关的实践和成果。他曾在全球多个社团及大会上发表演讲，并期待能持续推动"正面激励型领导"的方针。他与其所在的学校，凭借其正面的领导理念，已经对墨西哥众多的组织，包括国内最大型的银行体系产生了巨大的影响。

结论

　　还有很多其他例子可以证明，即使在艰难时期，正向领导力也能帮助企业获得成功。从这个意义上说，一家公司的成功不仅在于其高层的领导。无论如何，积极的因素总是能够将一些平时被忽视的、无法掌控的东西给激发出来。最重要的是，这些领导者把注意力集中在如何发挥企业本身通常未被开发的正能量上，而这些积极的力量往往会导致某些个体无法支配或指挥的后果。以上所列及其他机构中开展的各种各样的创新活动及进程都是不同寻常的，也是令人振奋的。诚然，在这样的环境下，正向领导者会激发他们团队成员去梦想、去学习、去行动，并取得成功。

第六章

反对声音

尽管已有研究表明，正向的能量具有向日作用，正面的领导力可以改善组织的绩效，正面的工作原理也可以对个体的工作绩效起到积极的作用，但仍有人对此表示质疑。有些评论家把正向性问题视为不切实际、幼稚和狭隘的问题。鉴于当前的种族歧视、经济衰退和生命的丧失，这样做完全是合情合理的。如果让所有人都想着开心的事情，变得乐观起来，那就是一种讽刺。在这种情形下，对正面关系的夸大会被视为不真实、虚伪、不诚实和不可信，也就是一种虚假的积极态度，或与困难时期的友善态度截然相反。

这一章描述了人们首次面对正面的话题或者面临艰难的挑战时所表现出来的怀疑、潜在的抗拒，以及误解。组织中的领导者对于接触到正能量、正向领导和正向实践往往会做出以下类似的表述：

"这对我的公司来说太矫情、敏感和伤感。"

"这与我们面临的难题无关。"

"这家公司的人从来没有在意过这个。"

"这个方法成本太高了。"

"这会让人产生妄想，不切实际。"

"我手下的员工非常难管理，我无法对他们保持积极的态度，也达不到预期效果。"

"这与我们最初的考虑方向背道而驰。"

"我无法在保持温和态度的情况下，还能对整个队伍表示尊敬。"

"这种方法鼓励盲目乐观主义。"

"这是一种偏激的道德议题。"

"在我的公司里，这是一件好事，但不是必须要做的事。"

批评的主要领域

正是由于上述不同意见，本书才会大量使用实证事实来证明所提意见的可靠性。但是，经理和高管所表达的不同意见仅仅是他们所关心的问题之一。此外，还有一些来自科学家、新闻工作者和评论人士的其他批评，大致可以分成五大类。本章针对这些批评提供了一些反驳和示例。以下是反对意见涉及的五个方面：

- 学术研究上的分歧

- 文化和价值观上的不同意见

- 有关简单性和狭隘性的不同意见

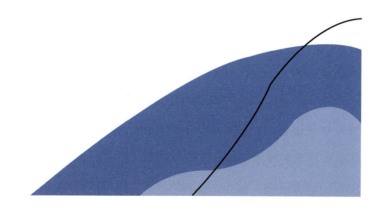

创造积极的工作气氛、促进员工的自我发展、增强他们在工作中的自我价值意识，都能提高他们的工作效率。

- 操控与伦理上的质疑
- 实践和应用上的不同意见

学术研究上的分歧

与该研究有关的重要评论可归纳如下：

- 对人性和幸福原因做出了过于笼统的表述，往往是只基于针对大学生群体所做的有限研究。
- 研究结果往往被夸大、简单化，有误导倾向。有很多错误分析数据、曲解或夸大结果之处，真正的证据其实很少。

一方面，的确有必要开展更多关于正面效应的经验研究。整个领域仍处于一个发展过程中蹒跚学步的阶段。也就是说，它开始有了自己的研究立足点和自主发展的能力，但还没有进入成熟的、发展良好的科学探索阶段。有待解决的问题很多，但没有全部解决。所以，以调查研究为基础的批判既有道理又有意义。

另一方面，大量的实证研究表明正向领导力和正向实践的重要性和影响力。在谷歌学术检索中，有 300 多万个正向心理学研究成果的搜索结果，还有 300 多万份正向领导力的出版物。已有的研究表明，如果个体拥有正向领导能力，并且进行正面的人际互动，就会带来明显的正面效果。表6-1列出了当个人拥有正向领导力、正向关系能量和正向实践时获得的一些结果。

一项针对500多项实证研究的元分析报告说，在具有正向领导力的组织中，员工的健康状况更好、缺勤率更低、自我调节能力更强、动力更强、创造力更强、人际关系更积极、离职率更低。研究组织结果的研究虽然较少，但仍然表明积极正向的领导对基本的业绩产生了显著影响。例如，研究发现，当组织采用正向领导和正向实践时，财务绩效、生产力、质量和客户满意度会显著提高。

当然，我们还有很多工作要做，而且关于组织成果的研究更是寥寥无几。然而，大量证据表明，无论是个人还是组织，都会受正向的动机影响。

表6-1 体验积极情绪、积极关系能量和积极实践的结果

序号	积极结果统计
1	比正常人多活11年
2	少生病
3	重病或事故后的存活率更高
4	婚姻持续时间更长
5	更能忍受疼痛
6	更努力地工作
7	在工作中表现更好

续表

序号	积极结果统计
8	在一生中赚更多的钱
9	表现出更高的思维敏锐度
10	做出更高质量的决定
11	思维更具创造性和灵活性
12	经过考验和创伤后更具适应性和弹性
13	参与更多助人行动
14	全因死亡率较低，心脏病发作次数较少，癌症存活率较高

资料来源：David, S. A., Boniwell, I., & Ayers, A. C. (2013). The Oxford handbook of happiness. New York, NY: Oxford University Press. Also, Cameron, K. S., & Spreitzer, G. M. (2012). The Oxford handbook of positive organizational scholarship. New York, NY: Oxford University Press. Snyder, C. R., & Lopez, S. J. (2002). Handbook of positive psychology. New York: Oxford University Press.

文化和价值观上的不同意见

与文化和价值观相关的主要反对意见可归纳如下：

● 强调积极的方面只适用现有的西方社会经济和价值体系，它们强调个人主义、资本主义及西方对繁荣和幸福的界定。

● 正向性偏向白人、中产阶级，而忽视少数族裔和弱势群体的困境。贫困、不平等、不公正、压迫和其他社会问题都被忽视了。

　　的确，很多从正向角度进行的原创研究和写作都是在西方国家以英语完成的。在 21 世纪初这一学科兴起之后的大约 10 年间，围绕着欧洲和美国的偏向一直占据着整个研究的主流。但是，即便是在 2020 年新冠疫情暴发之前，对正向问题的研究仍然存在一些难以解决的问题和现象，对这些主题的探讨也并不仅限于西方。例如，如表 6-2 所示，2017 年的国际积极心理学协会（International Positive Psychology Association）会议包涵了更多国家和文化背景。显然，对正向主题的研究并不局限于西方或发达国家。表 6-3 列出了在这些会议上发表的文章所研究的国家。表 6-4 提供了正在研究的主题示例。需要注意的是，许多非西方国家正在积极调查各种困难和所谓的消极、有问题的话题，并努力解决社会问题。

　　与健康、公正和环境相关的全球性问题带来的挑战，确实需要给予更多关注。但是，这项调查并没有对任何国家、种族或者社会阶层进行系统性的歧视。许多关于诸如焦虑、创伤性大脑损伤、艾滋病感染者、贫困和性少数群体等问题的探讨，都从正面展开。尽管还有很多工作要做，但已经有了一些证据表明，那些问题已经被严肃地讨论过了，并且越来越多地出现在文献中。

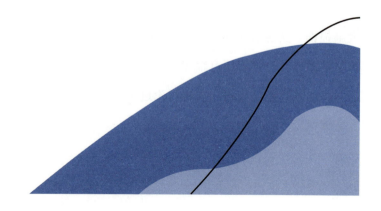

当人们因为失去了爱人、工作或人际关系而陷入情绪挣扎，或只是在艰难的时刻挣扎，德行不但能给他们带来极大的慰藉，而且还能让他们走出困境。

表6-2 参加国际积极心理学大会的学者和研究人员代表来自的国家／地区

阿根廷	墨西哥
澳大利亚	尼泊尔
奥地利	荷兰
巴西	挪威
加拿大	波兰
智利	葡萄牙
中国	俄罗斯
丹麦	新加坡
芬兰	南非
法国	韩国
德国	西班牙
冰岛	瑞士
以色列	意大利
英国	日本
美国	

表6-3 在国际积极心理学大会上用作研究重点的国家样本

序号	不同国家和地区的研究重点
1	不丹的学术成就
2	中国青少年的幸福感
3	中国退休人员之间的信任度
4	乌克兰文化转型

续表

序号	不同国家和地区的研究重点
5	法国学校的优化环境
6	西班牙裔妇女的目标和幸福感
7	考试制度——一个印度模型
8	印度农村妇女的教育模块
9	非洲的心理资本和就业能力
10	印度非政府组织中的心理资本
11	新加坡中学生的幸福感
12	欧洲的积极心理学
13	佛教心灵训练
14	印度的积极教育
15	感激之情：国际视角
16	新西兰海关的积极领导
17	语义的跨文化研究
18	新加坡青少年的身体意象

表6-4　在国际积极心理学大会上调查的基于问题的主题示例

序号	国际积极心理学大会的主题示例
1	勇气和童年焦虑
2	创伤性脑损伤
3	神经康复
4	军队中的韧性
5	女性的自我同情

续表

序号	国际积极心理学大会的主题示例
6	积极性和残疾
7	法医患者的行动价值观
8	压力和感知
9	青少年幸福感下降
10	儿童心理治疗
11	社会资本和学业有风险的学生
12	儿童时期的神经精神障碍
13	黑人艾滋病患者的社会心理因素
14	帕金森患者的积极性
15	肾病患者的适应力
16	生活满意度中的种族和族裔差距
17	艾滋病患者的精神重构
18	性少数群体的个体性格优势
19	贫困中的希望和意义
20	拥抱黑暗面

有关简单性和狭隘性的不同意见

与前面提到的针对正向主题的偏见类似，与狭隘性和简单性相关的反对意见也存在类似的偏见。这种不同意见往往是由那些对正向领导力和正向行为一知半解的人提出来的。具体来说，包括以下两点：

● 正向领导和正向实践只不过是几十年前"正向思考"的翻版，它太过简单，太过表面，也太过浅薄，根本不符合"幸福学"的定义。正向写作只是对追求幸福的普遍规则的重新陈述。生活是复杂的，只专注正向的一面是一厢情愿的想法。

● 正向领导和正向实践并不意味着其他学术研究都是负面的。正向倡导者不排斥在科学探索和工作场所中动态存在的负面情况和现象。

实际上，正向领导、正向关系能量和正向实践的基础在很多年前已经确立，可以追溯到威廉·詹姆斯（William James）关于他所称为《健康心态》（*Healthy Mindness*）的著作，高尔顿·奥尔波特（Gordon Allport）对积极人类特征的兴趣，玛丽·雅霍达（Marie Jahoda）对积极心理健康的强调，亚伯拉罕·马斯洛（Abraham Maslow）主张研究健康人而非患者，道格拉斯·麦格雷戈（Douglas McGregor）关注企业人性的一面，以及沃伦·本尼斯（Warren Bennis）对乐观和希望的强调。然而，早期大部分有关正向主题的工作并非基于科学研究和实证调查。相反，它更多的是提倡和推广一种解决问题、战胜疾病、走出

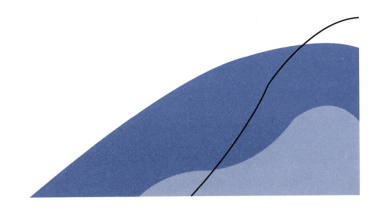

如果你的行动能激发别人去梦想、去学习、去做事、去成长，那么你就是一位有进取心的领导者。

困境的方式。

最近，严谨的科学研究已经揭示了远远超出早期作者和幸福学关注的、迄今未被认可的发现。例如，各种研究表明，接触正能量和正向实践会显著影响大脑活动。与消极状态相比，当一个人处于积极状态时，其思维敏捷程度和思维活跃程度相对较高，因而在记忆、背诵和解决问题等方面的能力也就更强。

在本文的第二章，我们也提到了，接触到正向能量会对心律产生显著的影响。所以，在正向能量环境下，心跳会比在消极的能量环境更有节奏感，因此，人的寿命更长。正向情绪的形成，不仅有利于中枢神经系统（包括迷走神经）发挥最大功能，也有利于脏器的健康。在个体体验正能量时，身体节律一致性（大脑和心脏节律相互匹配）达到最佳状态。

除了给个体身体带来好处，正向能量和正向做法也会影响组织的表现。正向实践得分越高，基本绩效（盈利能力、生产力、质量、创新能力、客户满意度和员工敬业度）就越高。即使在那些正向实践和正向能量可能被认为太过温和，以及无关紧要的组织中（如金融服务、军队、进行裁员的公司、医疗保健组织、高科技公司或正在衰退的公司），基本绩效指标也超过了行业平均水平，提高了 4~10 倍（参见第二章）。

很显然，通过对正向行为与正能量的研究，可以清楚地看到，在正向观念的创立者们所提倡的普遍观念中，有许多新的发现正在出现。过度简化似乎不能准确描述当前实证研究的状况。

操控与伦理上的质疑

有些人对正向领导、正向实践和正向能量的研究持批评态度，这样做的目的是操控人们为公司或者上司更加努力地工作。这些批评家表示，正向领导者利用人们不公平地获得利益，只会加强权力差异。具体包括以下两点：

- 正向干预会操控客户和员工。给别人一种美好的印象，就是要逼迫他们去达到某种目的。正能量、正向做法和正向领导是用来利用工人不择手段的技术。
- 这些有关正向方法的价值观无助于让人类获得更多的自由，反而只能带来顺从。

确实，当一个人拥有正向领导力和良好的人际关系时，他会更加勤奋地工作，从而得到更好的结果。实践表明，创造积极的工作气氛、促进员工的自我发展、增强员工在工作中的自我价值意识，都能促进工作效率的提升。

但是，这些观点混淆了正面的动机和虚假的动机。那些被错误地认为是为了促使人们更努力工作的正面计划，与正面的人际关系及正面的领导力的定义相矛盾。特别是在困难的时候，强迫别人去做，或者把做错了的事情强加在他人身上都是不道德的，而且还会产生相反的效果。不同于贬低和扼杀个人成长的机会和倡议，正向领导力的目标是帮助人们更好地规划、学习、行动并成长。

比如，人们都很乐意为一件有意义的事情付出很多的金钱，感觉自己有了自我价值，并且经历了幸福指数的提升。我的同事韦恩·卡西奥（Wayne Cascio）发现，一个有价值的、正面的工作环境的经历要胜过薪酬奖励，晋升机会，以及工作条件等其他因素。员工很乐意牺牲自己的休假，并把大部分的收入都花在那些能让他们个人获得成长的工作上。真正正面的人际关系与正面的领导力是不会被操控与强迫的。

总之，很少有迹象显示，让员工感受到自己的价值，精力充沛，并在工作中获得成功，是一种不道德的行为或一种操纵行为。在现实生活中，看起来不需要在帮助个体成功与使企业成功这两方面进行权衡。

实践和应用上的不同意见

实践和应用上的不同意见，是那些想要在其组织中推行正向领导和正向实践的领导者和经理们最常表现出来的一种反对方式。这些评论在本章开头就被解释为过于脆弱、过于敏感、过于不现实，且过于无用。

基于经验研究和对组织进行的众多干预措施，下面的一些提示能够有助于减轻上述担忧，并在推行正向积极领导、培育正向人际关系时，能够收获一群拥护者而不是批评者：

- 依靠经验证据。许多有说服力的调查表明，正向领导和正向实践对个人和组织都有很大影响。而对那些心存疑虑的人而言，他们则希望有更多的证据，以证实这并不只是在编故事。有很多可以查阅的资料，其中有从第二章至第五章引述的资料。

- 激发正能量。找到组织中能激发并提高他人的人。把他们视作一个整体，让公司里的其他成员获取正面的做法，受到正能量的影响。当正能量传播者被召集起来组成一个团队，给予他们相应的资源，并且被请求为他们的团队注入积极的力量时，全世界任何一个机构都会获得极大的成功。

- 记录和宣传点滴进步。当个人意识到好消息和微小的成就时，阻力就会减小（与小而积极的变化作斗争是不值得的），动力就会增强（给人一种正在取得进展的印象），并且会产生支持行为（有从众效应的人们会支持制胜战

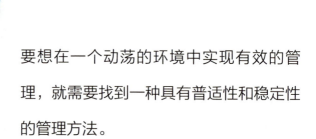

要想在一个动荡的环境中实现有效的管理，就需要找到一种具有普适性和稳定性的管理方法。

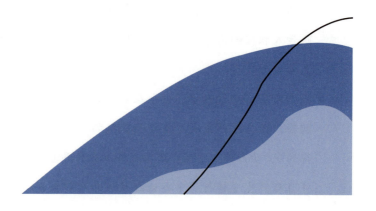

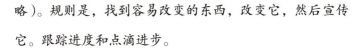

略）。规则是，找到容易改变的东西，改变它，然后宣传
它。跟踪进度和点滴进步。

- 保持绝对的完整性。要坦诚对待自己的过错，也要坦诚
  对待自己的成绩。确保员工对计划、预期的改变、战略
  和结果都有充分的认识。面对未知和动荡的未来，诚实
  是很重要的。在对企业进行的一系列调查中发现，与受
  信任程度较低的企业相比，受信任程度较高的企业员工，
  感受到的压力少 74%，精力多 106%，工作效率高 50%，
  病假少 13%，工作积极性高 76%，疲劳感少 40%。

结论

不出所料，抵抗和批判都是与正向领导力、正向做法、正
能量相联系的。大众传媒、自助导师、鼓舞人心的演说家，让
正面的现象变得更加普遍，但是，如果你这样做，你就会被认
为是一种非物质主义的快乐理论拥护者。事实证明，个人和组
织通过实施和利用正向实践和正向领导（尤其是有正向激励性
的领导）得到了巨大的好处。即使在最困难的情况下（如环境
危机、财政紧张、裁员、个人损失或传染病），实证证据已经确
认正向激励性的领导会产生积极的结果。

这一点很重要，因为我们谁也不会让自己相信，比如，一

位依靠发表文章、讲述鼓舞人心的故事或有趣的例子行医的医生。我们必须确保患者的治疗是建立在可信、可靠的科学基础上的，这同样适用于企业。由于领导在企业中起着举足轻重的作用，所以，在给领导提意见时，必须要有证据，以表明自己的意见可靠、有效。这本书所使用的方法，正是为了提供这样的证明，然后得出和本书开始时一样的结论。当前，地震、洪水、龙卷风、网络攻击、森林大火，以及全球新冠疫情给我们带来了史无前例的挑战。种族上的不平等、经济上的破坏、生命的丧失，使我们共同认识到这个世界是不太平的；争吵、愤怒、暴力频繁发生；当一系列的经济上、情绪上、健康上的影响，使我们的日常生活、人际关系、制度，甚至是价值观都有了很大的改变，很难保持乐观的态度。幸福理论并非一剂应对不幸的良方。

所以，本书表达的主旨和那些认为奖励是万金油的观点是不同的。本书依靠经验性的证据来强化三个结论。

第一，如果存在正能量，那么全人类将会更为兴旺。这就是所谓的"向日效应"，并在婴儿时期就表现了出来。有了正面的力量，个人和团体才会兴旺发达，特别是领导能力。但是，由于坏事常常比好事多，人们已学会忽略正面的东西，而更多地注意负面的东西。所以，要想有效地应对我们所面对的困难与挑战，特别是在这个非常困难的时候，必须建立并强化正面的人际关系。

第二，正向人际关系最好通过良性行为来创造，特别是领导者所展示出来的行为。以往的研究结果显示，具有正向激励作用的领导如果具备良好的品行，就能够发挥出非同一般的激励效果。这一方法并不提倡领导者们把注意力只放在积极的心态上，而是要实实在在地去帮助他人。特别是慷慨、无私和奉献；感激、认可和谦逊；已有研究表明，信任、正直和诚信，会对公司及员工产生显著的积极影响，公司的经营业绩常常会远超行业水准。

第三，如果培育了德行和正向人际关系，那么无论是企业还是个人，都可以获得更好的表现。具有讽刺意味的是，德行并不需要产生理想的结果才算有价值。德行本身就是一种回报，追求德行是为了德行本身。德行是人性中最好的表现，它会带来正面的人际关系活力，这是一种生活的动力。当人们因为失去了爱人、工作或人际关系而陷入情绪挣扎时，或只是在艰难的时刻挣扎时，德行不但能给他们带来极大的慰藉，而且还能帮助他们走出困境。

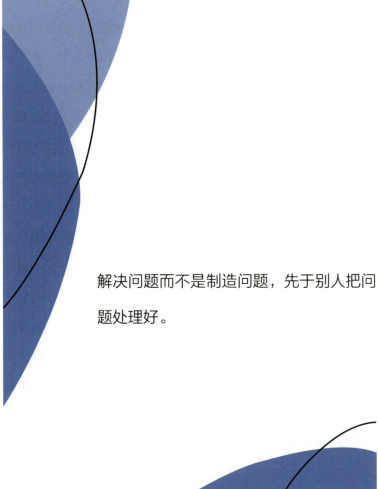

解决问题而不是制造问题，先于别人把问题处理好。

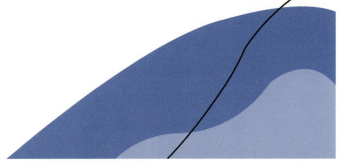

结　论
原则和行动带来的启示

既然已经了解了能量的形式、向日效应和正向领导力如何影响组织及其员工的表现，以及如何识别和培养正向激励因素，还有一个问题仍然存在：这样做有什么用呢？与前面几章所包含的讨论相关联的行动的影响是什么？

结论总结了几项原则及采取行动的建议，同时列举出相关领导者的趣闻涉及如何运用这些方法。

● 原则：每当遇到艰难时刻，比如自然灾害、人为破坏，以及大规模传染病等时，人们往往会把注意力集中在不舒适、不确定和不利的局势上。种族不平等，经济上的衰退，以及生命的丧失，都让我们看到了一个动荡不安的世界。当人们因为失去爱人、工作或因人际关系出现问题而陷入情感困境时，他们就很难保持乐观的态度。快乐理论并不是应对不幸的良方。

建议：与其关注纯粹的快乐、积极思考和无拘无束的乐观主义，不如关注德行的展示。德行——包括感恩、谦逊、仁慈、慷慨、贡献、宽恕、同情、信任和正直——是向日的，特别是在困难时期，会带来正向的能量和成长。在艰难时期表现出美德的行为，通过释放所有人内在的积极能量，为我们的蓬勃发展提供了一种方式。

- 原则：存在多种形式的能量，包括身体能量、情感能量、精神能量和关系能量。前三种能量形式都会随着使用而减少。它们在耗尽时需要休养或恢复时间，但关系能量会随着使用而提升，它一直都在更新中。

  建议：与亲近的人保持联系。确保你在这些关系中投入了足够的时间和资源，这样它们就可以保持提升，被补充并被赋予生命。用正向领导力激励他们去梦想、去学习、去实践，成为更好的人。

- 原则：每个生命系统，从单细胞生物到复杂的人类，都倾向于靠近积极能量而远离消极能量，即倾向于增强生命的因素而远离削弱生命的因素。这被称为向日效应，大量的科学证据证实了它在人类中也广泛存在。

  建议：把向日效应运用到你的领导角色、人际关系、婚姻、工作和孩子中，去提升和创造生活。以自己的行动给别人带来繁荣，从而提升和滋养他人的生活。显示自己的德行为他人谋福利。

- 原则：正向型领导不同于性格外向、喜欢输出、有魅力或在组织中担任高级职位的领导。层级较低的个人可能是组织中最能激发积极活力的人。

建议：无论你在组织中的头衔或职位等级如何，都要为整个体系和与你互动的每个人赋予生命。具有正向活力的人很少能进入企业高层。以德服人，为周围的人做出贡献，增进他们的幸福感。认识到自己所做出贡献的意义。

● 原则：在组织中，信息和影响力通常是领导者用来取得成果的主要手段。确保员工了解情况并受到影响，从而让实现目标成为大多数组织关心的焦点。然而，正向人际关系在预测绩效方面比信息和影响力要重要得多。

建议：为你的组织（工作单位、家庭、社区等）贡献出更多正面的力量。花费更多的时间和精力，去加强与你交往的人之间的正面联系，而不要花费更多的时间去给他人指点迷津或者尝试着去影响别人。做一名积极的领导者，保持自觉。让那些有正面动机的人进入你的工作和生活。

● 原则：正能量者比其他人表现得更好，当其他人在散发正能量时，他们的表现会更好。他们在不期望奖励或认可的情况下，帮助其他人积极成长。

建议：确定你所在的机构和人际关系中的正能量。花时间与这些人在一起，将他们带来的能量再反哺给他们，并动员他们为促进组织变革出力。组建一支充满正能量的团队来实施重要的变革计划。

- 原则：在混乱、动荡和不确定的条件下，必须建立一个稳定的标准，以便有效地管理环境。如果没有一个坚定不移的标杆，就不可能取得进步。必须确定一些普遍的东西来指导行为。

  建议：德行的价值是公认的衡量标准。全人类都珍视善行，如善良胜过虐待，宽容胜过自私，信任胜过怀疑，爱胜过仇恨，同情胜过冷漠。再者，德行是向阳的，人从幼年起就向德行靠拢，并在德行中繁荣。将优点放在首位，特别是在别人还在迷茫、争吵、悲伤中挣扎的时候。

- 原则：由于坏的事情要比好的事情更有力量，即负面的事情要比正面的事情能引起更大的反响，所以，我们中的大部分人都会关注问题、挑战和困难。课程中的大部分个案研究和会议中的大多数议程项目，都是对我们提出问题与跨越困难的挑战。我们主要解决如何弥补表现不佳和可接受的表现之间差距的问题。

  建议：在某个时候，可以接受绩效与正向偏差、非凡绩效之间的差距。花点时间想想，怎样做才是对的，怎样才能让别人变得更好，怎样才能获得更好的结果。感谢我们拥有了生活的一切。身为一名领导者，你应该花费大量的时间去追求出色的业绩，并且朝着你的目标努力，而不只是解决问题。

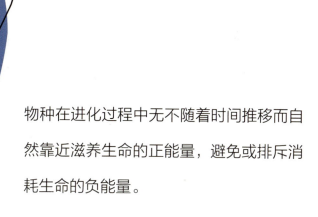

物种在进化过程中无不随着时间推移而自
然靠近滋养生命的正能量，避免或排斥消
耗生命的负能量。

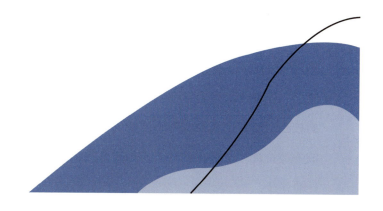

- 原则：相对于绩效目标，贡献度目标对成绩有更大的影响。所有的人都有一种与生俱来的慷慨、奉献和仁慈，而他们都会对这种情况做出回应。相对于我们从别人那获得的，我们对自己的快乐和行为有更大的预测可能性。

  建议：多做一些事情，让你的一生受益，让你的生活受益，让你的朋友受益，让你身边的人变得更好。你所做的贡献将远远超过你的个人成就。

- 原则：表示感激之情能使自己的身体更加健康，工作更加出色、幸福感更强，同时还能对接受感谢的人的身体健康、幸福感和工作产生影响。需要再次强调，要保持一种谦虚的态度，正确地看待自己，欣赏别人，并乐于从别人那里学习，这也是一种心怀感激的方式，也会产生相似的效果。领导者既要表现出谦卑，又要表现出感恩之情。

  建议：不需要每天都对别人表示感谢，你可以写感恩日记，每天写下三件让你感激的事情，或者定期给别人写感谢信。乐于寻求反馈并利用它来改善自己的领导行为，感谢那些提供反馈的人。

- 原则：自婴儿出生之日起，信任就处于人类生物学发展的核心。随着个人的成熟，信任成为发展积极激励关系的关键特征。全部成功的关系和所有组织绩效都基于信任而存在。

建议：确保言出必行。说实话，即使没有人在看，也要保持你的标准。确保你在与他人的关系中始终如一、可靠且真实，尤其是在你的领导角色中。在与你的人际关系相关的情感银行账户中，"存款"要多于"取款"。

● 原则：大多数关于领导力的书籍依赖讲故事、激励性事件或个人经验来传达关于领导力的建议。尽管这些通常令人振奋、富有洞察力并且鼓舞人心，但通常缺乏实证证据。领导处方的有效性和可信度很少被报道。

建议：寻找能够证明你所提的意见是否可信，是否有效，是否有可靠的证据。就像研发新冠疫苗那样，必须要有能够证明给患者开出的药方能够达到期望效果的科学依据。一定要保证你的领导能力是有科学依据的。

● 原则：如果一架飞机从华盛顿里根国际机场起飞，环游世界，并打算返回华盛顿，但它始终偏离航线 1 度，则飞机要么会降落在佐治亚州亚特兰大南部，要么降落在缅因州班戈北部。久而久之，一点小小的变化就能使你的处境大不相同。

建议：不断确认你要实现和遵循的那 1% 的改变。久而久之，你将得到显著的提高。要做一些小的、持久的变化，而不是追求一场革命或彻底的转变。

● 原则：根据美国国家训练学院（NTL Institute）的数据，

你将记住大约 5% 的课堂、讲座或播客中听到的内容，大约 10% 的阅读内容，以及大约 20% 的所见和体验的内容。但是，你会记住大约 90% 的教学内容。

建议：请与他人一起分享你在这本书中所获得的知识与感悟。为别人的学习提供帮助，因为你很幸运已经得到了一些能给你带来进步的洞察力和思想。帮助别人兴旺发达。要记得，如果你的行动能鼓舞别人多规划、多学习、多做事、多进步，你就是一位积极的领导者。

最后，以下是把这个章节中的技巧运用到实际行动中的领导者的几则趣闻。这些引言显示，在不同情形下如何运用这种积极的方法。

来自一家大型跨国金融服务机构的高级管理人员：

（我们的首席执行官）想要实施一些让人们感受到鼓舞并尽力而为的事情……我们坚信，只要展示正向领导力和正向实践，我们就能在同一时间实现上述目标：为我们的员工、客户、股东创造价值。

以下来自一家面临财政危机的医疗机构的高级管理人员：

我们身处一个竞争非常激烈的医疗保健市场，所以我们不得不通过我们富有同情心和关怀的文化来区分自己，我知道这听起来很老套，但我们真的很爱我们的患者。我们热爱工作——在这里，我们员工的家人也爱我们……即使在我们缩小规模时，我们的首席执行官也保持了最高水平的诚信。他说了实话，他分享了一切。他的真诚、个人关怀和正向领导力赢得了所有人的支持。我们感到精力充沛。

以下来自著名的工商管理硕士的毕业生：

毕业后的这个夏天，我选择了进行预防性双侧乳房切除术和乳房重建术——这不是一个标准的工商管理硕士毕业后计划。几年前，我发现自己有BRCA1基因突变，患乳腺癌的概率为88%。我的母亲和祖母也有BRCA1突变，她们在30岁出头时就被诊断出患有乳腺癌。作为一个20多岁的女人，我认为现在是预防乳腺癌的好时机。我很少意识到，我读工商管理硕士的时间对我的经历有什么影响……在我的工商管理硕士课程中，我学到了正面实践和正面力量。我开始思考：我怎样才能以积极的态度对待这段被视为可怕而令人痛苦的经历？在三个月的重建和恢复过程中，我如何保持积极的心态？如何利用这段经历对他人产生积极的影响？……在我手术6周写完10篇博客文章之后，我可以告诉你，我在研究生课程中学到的积极方法极大地影响了我的康复。尽管那个夏季并不是我人生中最棒的一个，甚至有好几周时间我过得并不顺利，但是总体上我的康复比预料的要好，我很高兴我做出了这样的选择。最重要的是，其他携带 BRCA1 基因的年轻女性在看到我的博客后联系了我。当我意识到自己是在帮助他人时，我感到无比满足。

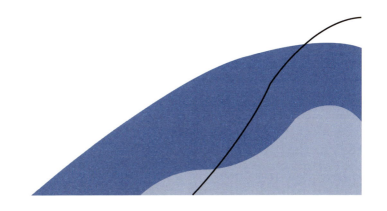

人人都可以学习展现积极的特质，因为业绩与积极因素密切相关，所以企业也需要正向能量。

参考资料

正能量检测

了解哪些人是积极的，哪些人是消极的，是一个重要优势。举例来说，建立一支有进取心、有动机的队伍，将直接关系到公司改革的成功与失败。积极正向的人可以帮助别人加入改革方案，减少他们对改革的抵触情绪。同样，积极激励的人也能充当团体中其他人的顾问或指导者，使那些相对消极、鼓舞力较弱的人变得更加积极。有很多种评价方式可以用来评价积极正向的个人。这一替代性评估方式也可应用在未来领导者职位的培养与训练上。

1. 创建能量网络地图

确定企业中对别人起到正面作用的最先进的方式是，建立一张包括所有可能联系的关系网。要做到这一点，你可以把你公司里的所有人都列在一个清单上。名单上的每一个人、公司里的每一个人，都要回答下面的问题：我和某个人的交流，我的精力是如何改变的？那就是，在和某个人的交流中，我觉得自己多么有激情，多么有动力？可以按照下面的标准来打分。

7——当我与这个人互动时，我会非常有活力

6——当我与这个人互动时，我有适度的积极能量

5——当我与这个人互动时，我会稍微积极一些

4——当我与这个人互动时，我既没有精力充沛，也没有精力不足

3——当我与这个人互动时，我会略微缺乏活力

2——当我与这个人互动时，我会一定程度地失去活力

1——当我与这个人互动时，我非常没有活力

　　每一个用户都会根据自己在该群中的其他用户的活跃联系来给他们打分，这样就会产生一个打分集，这个打分集和每一个用户有关。将评分结果输入一个网络地图统计软件（网上有多种软件），该软件将基于两个个体交互过程中所传递的能量绘制出一张网络地图（见图1）。你可以判断哪个个体与其他个体之间的联系最多（在网络地图表的中央），哪个个体与其他个体之间的联系最少（在网络地图表的边缘）（见第二章）。

　　还可以将正能量与等级、功能、位置和其他相关信息相匹配。这些数据提供了有关整个组织中发生的相对激励能量的信息。在图1中，能量密度的衡量标准是70%（所有成对连接中

的 70% 是正能量连接），这是一个相对密集的能量网络。

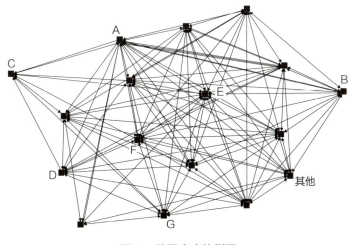

图 1　能量密度的例证

2. 创建气泡图

如果你的目的是要在短期内找出公司里的正向力量，那么，只要让你的团队里的每一个人都以匿名的方式列出团队里最积极正向的两到三个人的姓名就可以了（可以成组列出更多的名字）。让每个人递上一张纸条或将两三个名字通过电子邮件发送给你。然后，统计每个人收到的提名数量，并创建一个气泡图，显示不同大小的气泡。其中，最大的气泡显示提名数量最多，最小的气泡显示提名数量最少（见图 2）。结果通常可以匿名公布，在气泡中使用数字而不是名称。这避免了让组织中的个人

感到尴尬或泄气，但让领导者能够很好地了解谁是充满活力的
人（见第二章）。

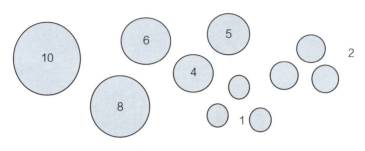

图 2　能量评级气泡

3. 脉冲调查

　　脉冲调查的目的是监控随着时间推移的组织总的能量等级
（见图 3）。员工每周（或更频繁地）被问到以下问题：如果按
照从 1~10 的等级评价，你今天的精力如何？通过定期使用单一
问题的电子邮件对整个机构的整体活力进行全面了解，从而监
测员工的活力（见第二章）。

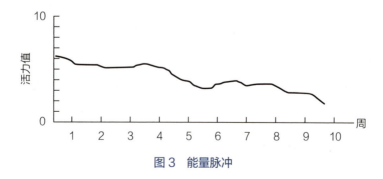

图 3　能量脉冲

如果能量分数发生变化（无论是上升还是下降），脉冲调查图可以显示哪些方面进展顺利，哪些因素影响分数，以及这对底线结果有何影响。

4. 评估正向激励行为

评价一个人展现正向领导力的主要特征往往很有帮助。这些信息可以被用来开发、指导或自我提升。所有人都能使用以下方法给自己打分，但企业内部人员通常使用它们来评价自己的领导（见表 1）。我们的目标是识别领导在工作中所展示的正面动机。为对比其他 600 位中高层领导，每一项的平均得分如表 2 所示（见第三章）。

说明：请使用下面的 10 分制对贵组织的领导进行评分。选出最能代表他或她的行为和举止的数字。如果右边的陈述完全准确，选 1；如果左边的陈述完全准确，选 10；如果两端的陈述都不太准确，请选其他数字。5 分表示这两个陈述都不是描述性的。

为了理解该工具的最终分数，将它们与大约 600 名中层和高级管理人员的平均分数进行比较可能会有所帮助。此信息有助于回答以下问题：我的分数是高于还是低于高管们的平均水平？

这些比较数据汇总了居住在美国的 600 名受访者，其中 54% 为女性，46% 为男性，89% 拥有硕士学位。这些受访者工作单位大多数隶属于营利机构。这 15 个属性与成功的组织绩效密切相关。更具体地说，在 $p < 0.01$ 水平（盈利能力、生产力、质量、员工士气和客户满意度）。这意味着正向激励型领导与组织绩效之间的关系偶然发生的概率小于千分之一。所占差异量（指定为 $R2$）介于财政实力的 4.4% 和生产力、员工士气和客户满意度的 13% 之间。当然，许多因素决定了与组织相关的结果，但被衡量的绩效标准（生产力、质量、士气、客户满意度和财务实力）所造成的差异表明，正向领导力是一个重要因素。

5. 通过访谈识别正能量源

通常，确定并聘用具有正向动机的人是最重要的，这样才能使公司的业绩得到提升，并且尽可能地达到最好。有积极性的人会得到比一般人更好的效果。为了发现有潜力的应聘者，可以考虑采用下面的面试问题。本书设计了三个问题：一是评估个体对正能量的感受，二是帮助他人对正能量的感受，三是对自身及他人的感受（见第三章）。

- 描述一个你曾为之努力并爱上的组织。是什么让你爱上了这个组织？你学到了什么？
- 描述一个你非常喜欢的角色。描述你为什么喜欢上它。你学到了什么？

表1 评估正能量行为

正面特质	分数	负面特质
1. 在不期待任何回报的情况下，去帮助别人成长	10 9 8 7 6 5 4 3 2 1	1. 确保自己获得好处
2. 表达感激和谦逊	10 9 8 7 6 5 4 3 2 1	2. 自私自利，不接受任何意见
3. 向他人灌输信心和自我效能	10 9 8 7 6 5 4 3 2 1	3. 不给他人创造被认可的机会
4. 经常微笑	10 9 8 7 6 5 4 3 2 1	4. 情绪低落，不苟言笑
5. 原谅别人的缺点	10 9 8 7 6 5 4 3 2 1	5. 让别人感到内疚或羞愧
6. 投资发展人际关系	10 9 8 7 6 5 4 3 2 1	6. 不在人际关系上做任何投资
7. 与别人一起做有意义的工作，并给予肯定	10 9 8 7 6 5 4 3 2 1	7. 把最好的留给自己
8. 积极地、有同理心地倾听	10 9 8 7 6 5 4 3 2 1	8. 主导谈话并坚持自己的想法
9. 解决问题	10 9 8 7 6 5 4 3 2 1	9. 制造问题
10. 最重要的是看见机遇	10 9 8 7 6 5 4 3 2 1	10. 看到的主要是障碍，大部分都是批评家
11. 阐明意义并激励他人	10 9 8 7 6 5 4 3 2 1	11. 冷漠、无动于衷
12. 信任他人并值得信赖	10 9 8 7 6 5 4 3 2 1	12. 持怀疑态度且缺乏诚信
13. 真实、真诚	10 9 8 7 6 5 4 3 2 1	13. 既肤浅又虚伪
14. 鼓励其他员工超过平均业绩水平	10 9 8 7 6 5 4 3 2 1	14. 安于平庸或"足够好"的现状
15. 调动可以激励他人的正能量者	10 9 8 7 6 5 4 3 2 1	15. 忽略那些热心提供帮助的激励者

表2　正能量行为评估的平均分数

题目	平均得分
1	4.74
2	5.37
3	5.47
4	5.88
5	5.57
6	5.14
7	5.48
8	5.60
9	5.96
10	5.93
11	5.79
12	5.90
13	5.83
14	5.89
15	5.88

- 描述一个项目、一次工作经历或一个具有挑战性的情况，这些都可以证明你已经非常出色地完成了工作。描述这种情况或挑战。是什么促成了你的成功？你学到了什么？如果可以重新来过，你会做哪些不同的事情？
- 描述你曾经参与过的最好的领导或管理团队。是什么让

这个团队如此特别？你学到了什么？

● 描述曾与你共事过或为之工作的最佳领导。是什么让这位领导如此特别？你从这个人身上学到了什么？你今天随身携带的来自这个人的一份礼物是什么？

● 描述一个同事或员工需要你的帮助才能成功或发展的情况。你是如何帮助这个人发挥最大潜能的？你学到了什么？

● 描述一个你达到巅峰表现的时刻，你处于最佳状态的时间，或者什么时候开始你已经变得不那么好了。你做了什么？你学到了什么？

6. 通过访谈找出正向领导者

快速简单评估正向领导者的方法是使用简短的 5 个问题评估。员工只需根据这 5 个属性给他们的领导打分，每一个都代表了他们对领导的印象。问题是，这个组织的领导者在多大程度上是积极的领导者？可以使用一个 7 分李克特反应量表，范围从 7（非常能代表该领导者）到 1（完全不能代表该领导者）。

● 当我与这个人互动时，我感到精力充沛。
● 和这个人交往后，我觉得更有精力去工作了。
● 当我与这个人交往时，我感到活力倍增。
● 当我需要"振作起来"时，我会去找这个人。

● 和这个人交流之后，我觉得自己的工作更有动力了。

对一个具体的业务部门单位或者小组成员的答案进行总结可以得到一个平均值。这个得分并不能决定一个部门的领导者所做出的具体行为（如上述评估 4 所示），但是这个得分可以迅速地判断一个人受到他的领导产生正面影响有多大（见第三章）。

活动和实践的例子

正向领导者采用的一些做法

● 反映最佳自我反馈过程

一种个人反馈工具：当员工为公司带来巨大的价值时，这种工具能提供最佳的自我描述方式。在这种情况下，你可以最大限度地认识自己，也可以为自己的强项设定一个目标。

● 90 天内完成 90 个目标

该方法被用来识别那些具有正面力量的员工，并且向他们提出了一项挑战：在 90 天内，对 90% 的员工施加影响力，使他们拥有正面的领导才能。在挑战开始前，做一天的培训，介绍工具和实践方法。

● 个人管理面试流程

一种基于经理与其直接下属之间的一对一会议的做法，旨在促进持续改进、问责制、绩效、反馈和将员工培养成非凡的绩效者。

● 支持性沟通

一种以培养更牢固、更协作的关系的方式提供纠正或负面反馈的技术（见第四章）。

● 员工敬业度

通过管理意识形态资本、社会资本、智力资本和金融资本来促进员工高度参与的实践。

● 员工赋权

一套通过发掘自我效能、坚持自我决定、承担个人后果、赋予个人意义和加强信任感来增强员工授权的实践。

● 客户忠诚度

诊断客户履约能力和通过确定基本绩效和惊喜愉悦标准来帮助建立终身客户忠诚度的实践方法。

● 珠峰目标

一种确定组织和个人目标的工具，它超越了正常的SMART[①]

[①] SMART原则指Specific（具体的）、Measurable（可衡量的）、Attainabce（可实现的）、Relevant（相关的）、Time-based（有时限的）。该目标管理由管理学大师彼得·德鲁克提出，用于指导科学、合理的目标计划。——编者注

目标设定，并创造非凡的成就水平。

● 互惠环

一种用于创建贡献网络的工具，组织成员可以在其中获得以前未知和未被承认的援助和资源。

● 感恩日记和感恩访问

帮助个人每天体验感恩状态，以及体验基于感恩的深刻互动的影响的各种实践。

● 五法则

团队确定五名要赞扬的客户和五名要激励的客户的练习。

● 增值和需要

团队成员相互提供反馈，并接受关于高价值个人贡献的承诺，以及达到正向偏差结果所需的其他条件的练习。

密歇根大学商业与金融系采用的做法

积极的会议

● 在全体员工会议上正式发言

- 小型月度小组会议

- 一对一会议

- 小群分享

- 在团队会议上添加积极的文化议程项目

正面沟通

- 员工沟通中的日常积极信息

- 松弛通道

- 时事通信

- 每周电子邮件

- 积极的每周信息

- 每周视频更新

- "认识你"帖子配照片

- "周四的想法"

- 分享什么是"正确的"

- 反馈会议

- "积极点"时间

正面展示

- 正能量板

- 感谢板

- "快乐的想法"

- 引语

- 感恩树

- 本周问题

- "正能量墙"

- 正面提示

- 脑筋急转弯

- 把每位员工的赞美之词收集起来

- 工作决议

- 使用视频板

- 个人目标板

- 桌上摆放有 1% 变化的承诺卡

积极的活动 / 事件

- 拼图、测验和棋牌游戏

- 商业和金融部员工情人节

- 十分钟正念、呼吸练习

- 十分钟运动休息

- 团队抽奖

- 团队游戏

- 社区公益项目

- 疯狂三月
- "认识"员工活动
- 健康的活动 / 事件（冥想 / 瑜伽）
- 感恩练习、意见交换罐子和倾诉邮箱
- 破冰船
- 感谢卡驿站
- 建议箱
- 义工活动
- 校园之旅
- 颁奖典礼
- 包容性心肺复苏（CPR）/ 自动体外除颤器（AED）培训

积极举措

- 甜点
- 奖励糖果
- 聚餐（有和没有比赛）
- 启动午餐
- 比萨
- 早餐
- 甜咸活动
- 配对分享午餐

传递积极性 / 认可度

- 感恩日记

- 带有积极信息的岩石

- 奖励（附带贴纸的安全帽）

- 积极向上的猴子"帕克"（有人为当前的接受者做了一些好事）

- 便利贴感恩练习

- 1% 的海报

- 1% 按钮

- "你充满活力"的袋子，里面有零食和团队信息 / 成就

- 手写笔记

- "亮点"同行认可

- 员工服务奖提名

- 记住生日、里程碑

请参阅第五章描述的其他实践和活动。

讨 论

当你接受积极的关系能量、德行和向日效应时，往往会很有用，它是一个重要的准则，让你对评价中的问题有一个更好的了解。下面所要探讨的问题，是为了让你更好地了解你所学到的，并且让你能清楚地了解那些你被教导过的，可应用于正面激励型领导力的重要观念与做法。最重要的是，这个问题还可以帮助你运用这本书里所学到的原理和做法。

（1）在团队、家庭或组织中增强正向关系能量的最有效方法是什么？

（2）在艰难时期，带来正向态度的方法与正向关系能量的思维方法之间有何区别？

（3）个人和组织可以通过哪些方式利用向日效应？

（4）你所知道的正能量源最显著的特征是什么？你将如何帮助他人（如您的孩子或密友）变得更加有正能量？

（5）在你自己的人际关系中，正能量以何种方式减弱，又以何种方式增强？

（6）你驾驭生活或组织的普遍、稳定、不可改变的标准是什么？

（7）你如何调和"恶优于善"这一事实与所有人都存在向正能量的内在倾向这一事实之间的表面冲突？

（8）在你自己的生活中，或者在你所在的组织中，有哪些贫富差距的例子？

（9）你或你的组织从事哪些活动可以产生使人终身受益的成果？

（10）你或你的组织在没有任何认可、奖励或承认的情况下从事哪些为他人带来利益的活动？

（11）你的组织或你自己的生活中有哪些感恩、认同和谦逊的做法？

（12）你的组织或你自己的生活中体现了哪些慷慨、无私和贡献的做法？

（13）在你自己的组织或你自己的生活中，你做了哪些增强信任、正直和诚实的事情？

（14）你怎样才能管理你生活或组织中那些消极的、分裂的、严肃的、刻薄的和粗暴的"黑洞"？

（15）当你遇到与多元化、公平、包容等有关的问题时，你会用何种方式来解决？